Brühwiler, Situationsklärungen

Herbert Brühwiler

Situationsklärungen

persönlich
in Projekten
im Unterricht
in der Beratung
in der Supervision
in der Teamentwicklung
in der Kommissionsarbeit
in der Erwachsenenbildung
in der Personalentwicklung
in der Organisationsentwicklung

Leske + Budrich, Opladen 1996

Der Autor:
Herbert Brühwiler, Dipl.-Psych., freischaffender Psychologe in den Bereichen Erwachsenenbildung, Team- und Organisationsentwicklung

Umschlag: Aquarell von Herbert Brühwiler
Zeichnungen und Collagen: Herbert Brühwiler

ISBN 3-8100-1505-9

© 1996 Leske + Budrich, Opladen

Das Werk einschließlich aller seiner Teile ist urheberrechtlich geschützt. Jede Verwertung außerhalb der engen Grenzen des Urheberrechtsgesetzes ist ohne Zustimmung des Verlages unzulässig und strafbar. Das gilt insbesondere für Vervielfältigungen, Übersetzungen, Mikroverfilmungen und die Einspeicherung und Verarbeitung in elektronischen Systemen.

Druck: Druck Partner Rübelmann, Hemsbach
Printed in Germany

Inhalt

Einleitung 7

Situationsklärung
Erste Phase in allen Innovationsprozessen 9
1. Zur Konstruktion von Wirklichkeiten 11
2. Die Rekonstruktion von Wirklichkeiten in Situationsanalysen.... 20
3. Situationsklärung als persönlicher und kollektiver Lernprozeß ... 25
4. Anlässe für Situationsklärungen 29
5. Grundvoraussetzungen für das Gelingen einer Situationsanalyse 32

Methoden zur Situationsklärung 35
Übersicht: 37

Zur Auswahl der Methoden... 171
Literaturverzeichnis 180

Einleitung

Die vorliegende Sammlung von Methoden zur Situationsklärung ergänzt den Band „Methoden in der ganzheitlichen Jugend- und Erwachsenenbildung" aus dem gleichen Verlag (Brühwiler 1994).

In der Lernweg-orientierten Bildungsarbeit haben Situationsanalysen einen zentralen Stellenwert. Sie ermöglichen die Bestimmung der Ausgangslage der Lernenden und die entscheidend wichtige Orientierung auf dem Weg. In diesem Sinne sind sie vergleichbar mit Navigationsinstrumenten auf hoher See.

Situationsanalysen entscheiden auch darüber, ob und wo Entwicklung ansetzen kann:

Innehalten – die Aussicht genießen – und den nächsten Wanderungsabschnitt besprechen.

Das vorliegende Buch ist so aufgebaut, daß der Leser, die Leserin im 1. Teil in das Konzept, in die Hintergründe und das Denken von Situationsanalysen eingeführt wird. Der Hauptteil, der mit der Methodenübersicht beginnt, ist der Beschreibung der Methoden gewidmet. Einige Methoden sind sehr knapp beschrieben – als Ideen sozusagen. Um den Leser, die Leserin nicht zu langweilen, habe ich dem Methodenteil einen Leitfaden für die Verarbeitung von Informationen aus den Situationsklärungen vorangestellt. Wenn der Leser, die Leserin nicht mehr weiter wissen, können sie hier nachschlagen.

Ich arbeitete in den letzten Jahren vorwiegend in den Bereichen Team- und Organisationsentwicklung. Dabei wuchs mein Anliegen, KursleiterInnen in der Erwachsenenbildung, Berater und Beraterinnen bewährte Methoden aus diesen Gebieten zur Verfügung zu stellen. Team- und Organisationsentwicklung sind Teilgebiete der Erwachsenenbildung. Ich möchte mit dem vorliegenden Buch einen Beitrag leisten zur Erhöhung der bisher äußerst geringen Durchlässigkeit in der Praxis und vor allem in der Literatur.

Die Illustrationen dienen einerseits sicher der Auflockerung, der Entspannung für den ermüdeten Geist und die strapazierten Augen – ein ruhender Pol in der unruhigen Vielfalt der vorgestellten Methoden. Andererseits leisten sie einen eigenständigen Beitrag zur Thematik. Die Geschichte von Fritz Zwerg beschreibt die Analyse seiner Lebenssituation, geschrieben in der Anfangsphase einer längeren Therapie.

Die Zeichnungen und Collagen sollen zum Nachdenken auffordern – nicht nur über die eigene Situation, sondern auch über unser Land, unsere Nachbarländer und über die Situation, den Zustand unserer Umwelt, unserer Welt.

Im letzten Kapitel des Buches werden Empfehlungen über den Einsatz der Methoden beschrieben.

Danken möchte ich

meinen Arbeitskollegen und Kolleginnen,
den unzähligen Mitlernenden in Kursen, Entwicklungsprojekten und Beratungen,
Otto Egli, meinem langjährigen Freund, für die vielen gemeinsamen Erfahrungen und Reflexionen und
Ruth Gresser für die Durchsicht des Manuskriptes, für ihre Fragen, ihre kritische Sicht und die vielen weiterführenden Gespräche.

Frühling 1996
Herbert Brühwiler

Situationsklärung
Erste Phase in allen Innovationsprozessen

1. Zur Konstruktion von Wirklichkeiten

„Wenn ich auf die Vorstellung einer von mir unabhängigen Realität verzichte, erlange ich erst die volle Verantwortung für mein Handeln und damit auch die volle Freiheit", schreibt Krieg in der Festschrift zum 80. Geburtstag von Heinrich von Foerster (Watzlawick/Krieg 1991, S.136).

Damit beschreibt er nicht nur die ethische Bedeutung, sondern auch die grundsätzliche Bedeutung des konstruktivistischen Ansatzes für Innovationen im Sinne von Entwicklung.

Jeder Mitträger einer Entwicklung ist in seiner Konstruktion der Wirklichkeit betroffen. Ich möchte dies in einer Analogie beschreiben:

Konstruktion bedeutet oft, daß Balken angeschlagen werden und damit Raum eingegrenzt wird. Je nach der Art von Konstruktion ist der entstandene Raum mehr oder weniger stabil. Eine Familie, ein Team, eine Organisation ist dann ein „Gesamtbau", ein „Raumkomplex". Werden nun bestimmte Strukturen, z.B. Abläufe, Werte, Normen umgebaut, so werden die entsprechenden Räume (Mitarbeiter) betroffen. Es werden Prozesse wie erneuern, umkonstruieren notwendig sein.

Ansonsten kann es sein, daß nur einzelne „Räume" vom Umbau betroffen sind. Andere bleiben im bisherigen Zustand. Spannungen werden entstehen zwischen alt und neu.

Es gibt Teams, in denen jeder Mitarbeiter, jede Mitarbeiterin in seinen eigenen „Räumen" arbeitet. Alle tragen ihre „Räume" auch in die Teamsitzung. Sie konstruieren ihre Wirklichkeit aus ihren „Räumen" heraus, schätzen so beispielsweise die Qualität ihrer Arbeit ein, beschreiben aus dieser Optik ihre Klienten oder Kunden. Was fehlt bzw. erarbeitet werden muß, ist ein minimaler Konsens in der Einschätzung ihrer gemeinsamen Wirklichkeit, die erst so wirksam werden kann. Gelingt dieses Vorhaben nicht, wird es zu Konflikten kommen, zu Spannungen, zu Energieverlusten.

In der Analogie bedeutet die Konstruktion einer gemeinsamen Wirklichkeit, Durchlässigkeit zwischen den individuellen Räumen herzustellen, so daß Synergien entstehen.

Ich lebe mein Leben in wachsenden Ringen

Ich lebe mein Leben in wachsenden Ringen,
die sich über die Dinge ziehn.
Ich werde den letzten vielleicht nicht vollbringen,
aber versuchen will ich ihn.

Ich kreise um Gott, um den uralten Turm,
und ich kreise jahrtausende lang;
und ich weiß noch nicht: bin ich ein Falke, ein Sturm.
oder ein Gesang.
Rilke 1966, S.14

Jeder Mensch beschreibt sich selbst und seine Umwelt so wie er sie erlebt und verhält sich seiner Beschreibung entsprechend. Simon: „Ändern sich die Beschreibungen, so ändert sich auch das Verhalten. Daraus können wir schließen, daß sich in einem Team, dessen Mitglieder sich schwer tun in ihrer Zusammenarbeit, das Verhalten einzelner Mitglieder so lange nicht ändert, bis sich Änderungen in der gemeinsamen Wirklichkeiten ereignen" (vgl. Simon, in Watzlawick/Krieg 1991, S.145).

Ein schielendes Huhn sah die Welt etwas schief und glaubte daher, sie sei tatsächlich schief. Auch seine Mithühner und den Hahn sah es schief. Es lief immer schräg und stieß oft gegen die Wände. An einem windigen Tag ging es mit seinen Mithühnern am Turm von Pisa vorbei. „Schaut euch das an", sagten die Hühner, „der Wind hat diesen Turm schiefgeblasen."
Auch das schielende Huhn betrachtete den Turm und fand ihn völlig gerade.
Es sagte nichts, dachte aber bei sich, daß die andern Hühner womöglich schielten.
Malerba 1991, S. 15

„Wir erschaffen die Welt immer so, wie wir uns fühlen" (Krieg in Watzlawick/Krieg 1991, S.131). Die Welt, die wir hervorbringen, ist abhängig von der Struktur, in der wir uns im Moment des Hervorbrin-

gens befinden: von der gesundheitlichen Verfassung, der Lebenssituation (Beziehungsnetz), der Arbeitsmarktsituation, der Wohnsituation, von meiner Geschichte – den versöhnten und noch nicht gelösten Fragen – von meinen Stärken und Schwächen, die im Moment zum Tragen kommen oder nicht. In diesem Zusammenhang ist es spannend und notwendig, das Verständnis der Umwelten von Teams und Organisationen im Lichte der Konstruktionen ihrer Mitglieder zu beleuchten. Als plakatives Beispiel denke ich hier an den Heimleiter, der in der Institution aufgewachsen ist, die er heute leitet, und an eine neue Mitarbeiterin, die ihre Probezeit mit dem Heimleiter auswertet.

Die Umwelt ist nicht eine Struktur, die einzelnen Lebewesen bzw. Gruppen und Organisationen von außen aufgezwungen wird, quasi als fixe Größe, sondern ist in Wirklichkeit eine Schöpfung einzelner Individuen, Gruppen oder Organisationen.

Organisationen sind eigentliche Antworten auf gesellschaftliche Fragen bzw. Bedürfnisse. Im Moment der Gründung beginnen sie auch, ihre Umwelt, die nach ihr „gerufen" hat, mitzugestalten. Was wir als Regelmäßigkeiten der Umwelt beschreiben, sind daher keine äußerlichen Merkmale, die internalisiert worden sind, sondern das Ergebnis einer gemeinsamen Geschichte. Wie in der U-Prozedur (s. S. 107) beschrieben wird, geht es in Problemanalysen häufig darum, die Geschichte einer Organisation ins Bewußtsein zu holen, weil häufig Grundsätze, Leitsätze, Mottos aus der Gründerzeit, die in der Interaktion mit ihrer Umwelt entstanden, oft noch lange Zeit unbewußt weiterwirken und dadurch heute zu Störungen führen. Die Wahrnehmung ist nicht die Repräsentation oder Abbildung einer vorgegebenen Welt, sondern eher die Inszenierung oder Hervorbringung einer Welt auf der Grundlage von Geschichte und der Vielfalt effektiver Handlungen, die ein Individuum ausführen kann.

Unsere Familie – damals waren wir 5 Kinder – wohnte in einem Wohnblock, der kurz nach dem Krieg gebaut wurde und sehr hellhörig war. Fünf Kinder, die für ziemlich viel Unruhe sorgten. Alle spielten Musikinstrumente und das häufige Üben stieß bei unseren Nachbarn nicht immer auf Sympathie. Die Wohnung war ziemlich knapp, so daß wir viel im Treppenhaus, im Velokeller, im Heizungskeller, in der Waschküche und im Trocknungsraum spielten. Klar – immer wieder gab es Reklamationen von ruhigeren Mietern, die sich durch uns gestört fühlten. Unsere Mutter war sehr darauf bedacht, daß sie und ihre Kinder nicht zu Reklamationen Anlaß boten. Wir wurden ermahnt und eingeschränkt in der Lautstärke, im Bewegungsdrang und Raum, was bewirkte, daß wir unsere Energien wiederum außerhalb der Wohnung ausleben mußten. Das Verhalten eskalierte häufig, was erneut zu Beschwerden von Mitmietern und Nachbarn führte.

Unsere Mutter beklagte sich oft über die Situation in diesem Wohnblock – es sei zu eng, die Isolation mangelhaft, Mieterinnen und Nachbarinnen intolerant: alles Neider und Neiderinnen. Sie beschrieb diese Umwelt häufig als feindlich – also distanzierend, als ob wir, unsere Familie, überhaupt nichts mit dieser Umwelt zu tun hätten. Doch sehen wir genauer hin.

Unsere Familie gehörte zur ersten Mietergeneration dieses Wohnblocks und gestaltete durch ihr Verhalten die Umwelt aktiv mit. Ganz im Sinne von Watzlawick u.a.: „Wir können uns nicht nicht verhalten" (1969). Unter den Kindern gestaltete sich dieser Sachverhalt viel direkter. Sie schufen, gestalteten ihre Welt im Wohnblock und mit der Nachbarschaft – sie stritten, versöhnten sich, ärgerten Nachbarn, halfen ihnen, bauten Hütten, veranstalteten Zeichnungsausstellungen usw. Die Kinder schaffen sich ihre Wirklichkeit, die Erwachsenen schaffen ihre Wirklichkeit. Nur – die Erwachsenen griffen immer wieder in die Welt der Kinder ein, versuchten sie zu beeinflußen – störten sie – manchmal halfen sie auch konstruktiv mit, beispielsweise in der Ermöglichung eines Zirkusprojektes, eines neuen Sandhaufens usw.

In meiner Arbeit sind mir Organisationen begegnet, die den aktiven Kontakt mit ihrer Umwelt verloren haben. Die Mitglieder solcher Institutionen sind dann häufig erstaunt darüber, wenn sie mit dem Image, der Bedeutung ihrer Organisation konfrontiert werden. Solche oder ähnliche Erfahrungen verweisen auf die Wichtigkeit, daß Entwicklungsprozesse auch die Interaktion der Organisation mit ihrer Umwelt beeinflussen. Die Umwelt wird im konstruktivistischen Sinne Mit-Träger von Entwicklungen.

An dieser Stelle wird der Einfluß von Macht, der Machtverhältnisse deutlich. Ein Industriebetrieb, der mangels Bestellungseingänge und der unsicheren wirtschaftlichen Entwicklung MitarbeiterInnen entläßt, die rezessive Situation benutzt, um Umstrukturierungen vorzunehmen, schließt die Entlassenen von Entwicklungsprozessen aus. Die häufig arbeitslos gewordenen ehemaligen MitarbeiterInnen sind dann auf die Arbeitslosenkasse und später auf die öffentliche Fürsorge angewiesen. Dabei können die Gemeindebehörden keinen Einfluß nehmen auf die Entwicklungsprozesse von Firmen. Hier stellt sich die Frage: Wie lange wird es wohl noch dauern, bis die Gegenseitigkeit garantiert ist? Glasl beschreibt in seiner Entwicklung der Organisationen als Folge der Integrationsphase die soziale Phase, die er später in die Assoziationsphase umbenannte (s. Glasl 1993). Die wichtigste Weiterentwicklung besteht darin, Unternehmen, Organisationen stärker mit ihrer Umwelt zu vernetzen, vor allem auch hinsichtlich Ressourcen und zwar nicht nur in finanzieller Hinsicht.

Wenn ich das Gefühl habe, in meiner Umwelt die Orientierung zu verlieren, werde ich entsprechende Realitäten hervorbringen. Eine oft zu beobachtende Reaktionsweise besteht darin, ein elitäres Bewußtsein zu entwickeln und entsprechend die Umwelt zu pathologisieren bzw. zu entwerten. In der Folge wird ein Inseldasein konstruiert, das die Weiterentwicklung einer Organisation massiv behindert.

In der Art wie jemand ein Problem beschreibt, ist immer schon eine Idee darüber enthalten, wie es gelöst werden sollte oder könnte. Der Versuch, eine Teamsupervision einzuführen, wird abgewehrt mit der Begründung: „Wir brauchen diese nicht. Wenn sich alle mehr Mühe geben würden, lösen wir unsere Probleme selber ... oder, wenn der X. ehrlich wäre, hätten wir unsere Probleme gar nicht.

Wenn Probleme, die eigentlich die Grenze des kontinuierlichen Weiterwursteln aufzeigen, als Indikatoren des Wandels gelten und sich keine Innovationsbereitschaft zeigt, so muß der/die Betroffene alles daran setzen, dieses Problem „beizubehalten", beispielsweise mit den bekannten, bisherigen Lösungsstrategien.

In der Beratungstätigkeit ist es von entscheidender Bedeutung, sich immer wieder folgende Fragen zu stellen: „Wie schaffen es die Beteiligten, das Problem herzustellen und aufrechtzuerhalten? Häufig wird die Intervention darin bestehen, die bekannten, bisherigen Lösungsmuster zu stören (bzw. paradox zu intervenieren, z.B. wird die bisherige Lösung verschrieben).

Eine Form des Naiven Realismus schleicht sich oft als Erwartung in die Beratungsarbeit ein. Sie besteht im Glauben, wir könnten Dinge „erkennen", so wie sie an sich sind. Die Objektivität ist eine Illusion. „Der Konstruktivismus will und kann nichts anderes sein als eine Art und Weise, über die einzige Welt zu denken, zu der wir Zugang haben, und das ist die Welt der Phänomene, die wir erleben" (Glasersfeld, in Watzlawick 1991, S.28).

Die Rolle des Wissens kann nie eine absolute sein, die darin besteht, objektive Realitäten zu wiederzuspiegeln. Vielmehr soll uns das Wissen befähigen, in unserer Erlebniswelt zu handeln und darin Ziele zu setzen und zu erreichen.

Also hat das für uns notwendige Wissen immer etwas mit unserer Wirklichkeit zu tun. Das „Abholprinzip" in der Pädagogik (und Andragogik) kommt dieser Notwendigkeit entgegen, greift aber zu kurz, weil es nur den Wissens- bzw. Lernstand berücksichtigt und nicht die Wirklichkeit der Lernenden, die weiterlernen wollen – oder müssen, beispielsweise infolge der sich radikal ändernden Berufswelt. Das „Abholprinzip" müßte in der Konstruktion von Wirklichkeit der Lernenden ansetzen und ihnen behilflich sein in der Dekonstruktion und Neukonstruktion.

„Lernen ist nicht einfach das Abbild von Lehren, sondern ein Prozeß der Selbstorganisation. Erwachsene und Kinder lernen auf die gleiche Weise: in dem sie Neues in Vertrautes einordnen und dieses zugleich verändern.

Diesen Unterschieden zwischen Menschen kann kein Lehrgang, kein Unterricht gerecht werden. Darum müssen wir ihn zu einem *Lernraum* öffnen, in dem die Kinder ihre persönlichen Erfahrungen einbringen und in dem sie ihre Vorstellungen miteinander teilen können. So können Kinder ihre Kreativität entfalten und zugleich lernen, diese allmählich in Konventionen einzubinden" (Brügelmann 1992, S.62).

Wissen heißt, angemessen handeln zu können (frei nach Maturana). Im Handeln wie im Denken sind wir bemüht, aus Elementen eine Folge aufzubauen, die es uns erlaubt, Gleichgewichte wiederzufinden, wiederzugewinnen, zu erhalten und zu verändern. Das angemessene Handeln ist immer ein interaktives Handeln. Das Handeln eines Handwerkers steht immer im Zusammenhang mit einem andern Handwerker, vielfach mit einem Architekten, Bauführer und mit dem Bauherrn. In diesem Kontext ist die Berufsbildung gefordert, nicht nur das „reine" Handwerkswissen auszubilden, sondern ebenso wichtig wäre die interaktive Situation, die die Konstruktion der Wirklichkeit der einzelnen BerufsschülerInnen wesentlich tangiert. Wenn wir gute Berufsleute in ihrer Arbeit beobachten, so ist das rein handwerkliche

Können die eine Seite – die andere Seite ist die Gestaltung des Kontaktes, der Zusammenarbeit (die interaktive Situation): z.B. bei einem Umbauprojekt eines älteren Hauses, in dem viele auftauchende Probleme gemeinsam mit anderen gelöst werden müssen.

Wir werden in unserem Alltag dauernd in Ungleichgewichtszustände versetzt. In der Folge sind wir bestrebt, in unserem Denken und Handeln wieder ein Gleichgewicht herzustellen. Dazu kann uns Wissen hilfreich sein. Wissen kann aber auch Ungleichgewicht herstellen.

In Bildungsveranstaltungen, in Organisationsentwicklungsprojekten bekommen wir oft die sogenannten Killerphrasen zu hören wie z.B. „das machen wir schon lange, das ist alles graue Theorie, der müsste mal in der Praxis stehen, wenn der Umsatz zurückgeht, gilt das alles sowieso nicht mehr ... usw. (Brühwiler 1994, S.20). Diese Antworten scheinen allein die Funktion zu haben, einen drohenden Ungleichgewichtszustand abzuwehren bzw. drohende Umstrukturierungen zu verhindern. Die Vernunft sieht nur das ein, was sie selbst aus ihrem Entwurf hervorbringt. Was uns bleibt ist der Versuch, die Vernunft weiterzuentwickeln, damit sich ihre Entwürfe verändern können. Und ein kleiner Trost (für unsere Profession) bleibt: Was ich nicht sehe, kann auch nicht verschwinden. Vielleicht kann ich es erst beim zweiten, dritten oder vierten Mal sehen. Die Chance bleibt und auch die Gewißheit, daß es wiederkommt.

Auf der Suche, im Denken und Handeln immer wieder unser Gleichgewicht zu finden, spielen die Medien eine zunehmend wichtigere Rolle. Ich lese jeden Tag bis zwei Zeitungen, höre die Nachrichten am Radio und sehe die Tagesschau am Fernsehen. Eine unwahrscheinliche Informationsfülle, die ich jeden Tag zu verarbeiten versuche. Herr X und Frau Y informieren sich beide durch die Tagesschau. Die erneute Bedrohung Kuwaits durch Sadams Truppen. Die USA, die Truppen und Waffen einfliegt usw. Die Medien sorgen für eine strukturelle Kopplung zwischen verschiedenen Beobachtern zum Zweck, ähnliche Welten hervorzubringen (Krieg). Ich denke hierbei nicht an die einseitige Intention der Medien – nein – auch vielen Menschen ist dies ein Bedürfnis, das ihnen Sicherheit und Orientierung verleiht. Es ist eine gegenseitige Angelegenheit, in der die Medien das KonsumentInnenbedürfnis schaffen und die KonsumentInnen ihren Bedarf anmelden bzw."knallhart" fordern, ansonsten wer-

den Medien kritisiert und führende Leute in der Folge ausgewechselt. Die Medien führen einen doppelten Diskurs:
- den „rationalen" Diskurs: herstellen der Fiktion einer objektiven Wirklichkeit
- den „emotionalen" Diskurs: koordinieren der psychischen Befindlichkeit der KonsumentInnen.

Das Resultat ist wie erwähnt, die strukturelle Kopplung zwischen verschiedenen Beobachtern. Ein Phänomen, das zur Bildung und Aufrechterhaltung von Gesellschaft eine existenzielle Funktion beinhaltet. Wenn wir von Medien sprechen, denken wir an Fernsehen, Zeitungen, Radio, offizielle Lehrbücher und anderes Lehrmaterial.

Der beschriebene doppelte Diskurs ermöglicht Halt und Orientierung (wenn ich sie verloren habe), ermöglicht Gleichgewicht aufrechtzuerhalten und wiederzugewinnen.

Alle Entwicklungsarbeit muß den Betroffenen die emotionale Sicherheit vermitteln, damit sie ein neues Gleichgewicht erreichen können. Nicht die bestehende Konstruktion soll in Frage gestellt werden, sondern die Notwendigkeit der Neukonstruktion von „Welt" im Brennpunkt stehen.

„Die Sprache behaust unser Sein" (ein Heidegger-Zitat). Diese Aussage verweist auf die wohl wichtigste BeraterInnenfähigkeit: Zuhören können. Mit Hilfe der Sprache gestaltet jeder Mensch seinen Raum aus – ähnlich einer Innenarchitektin, die eine Wohnung, einen Arbeitsraum gestaltet. Wenn wir in unserer Arbeit genau hinhören, kommen wir dem Verständnis einer individuellen Wirklichkeit viel näher. Wir lernen die Räume kennen, in denen jemand lebt, sich bewegt.

Entwicklungsprojekte in Organisationen haben nur eine Chance, wenn es gelingt, bei diesen individuellen Wirklichkeiten anzusetzen. Das gleiche gilt für Teams, Familien, die unter Problemen leiden. Unter Wirklichkeitskonstruktion „muß dabei die Gesamtheit der Denk-, Gefühls- und Verhaltensmuster verstanden werden, die jeder einzelne im Verlaufe seines Lebens aufgebaut hat" (Simon in Watzlawick/Krieg 1991, S.146).

Die unterschiedliche Konstruktion von Wirklichkeit erleben wir am deutlichsten in fremden Kulturen mit all ihren Irritationen. Meine Konstruktion der Wirklichkeit reicht nicht mehr aus, mich zurechtzufinden und zu überleben. Die Irritationen lösen Verunsicherungen und auch Ängste aus. Sprache schafft Verständigung und ermöglicht dadurch eine Annäherung an fremde Kulturen. Wenn ich in einer fremden Kultur die Sprache nicht beherrsche – nur z.B. Sprachbrocken, um mich zurechtzufinden und zu überleben, versuche ich mich so zu verhalten, daß ich meine Konstruktion der Wirklichkeit aufrechterhalten kann – z.B. suche ich eine Lebensform, einen Kontext, der eher abgeschieden ist, um möglichst viele Irritationen zu vermeiden.

2. Die Rekonstruktion von Wirklichkeit in Situationsanalysen

Das Erfassen, Erkunden der Konstruktionsprinzipien, der Bauweise von Wirklichkeiten – ist der Stütz- und Tragbalken des Lebens.
„Gibt es eine Wirklichkeit, die nicht geformt oder gestaltet wäre? Nein. Die Wirklichkeit entsteht immer durch eine Brille, über einen Standpunkt, eine Sprache, eine Phantasie" (Hillmann/Ventura 1993, S. 51).
Bevor etwas wirklich wird, ist es eine amorphe Maße, die unendlich viele Möglichkeiten in sich birgt. Eine Komplexität, die erst durch gestalterische Interventionen begreifbar wird. Im informellen Bereich der Organisation wird diese Bewältigung tagtäglich praktiziert. In Pausengesprächen beim Kaffee, nach der Arbeit bei einem Bier oder zu Hause beim Nachtessen. Die Wirklichkeit entsteht durch die Konstruktion im Gespräch. Sie wird konstelliert in der Beschreibung, im Suchen nach Einverständnis – nach Nachvollziehbarkeit.
„Konversation heißt, mit etwas verkehren, mit etwas umgehen, sich umdrehen, und es geht vermutlich auf das Hin- und Hergehen mit jemandem oder mit etwas zurück, auf das Umkehren und nochmalige Beschreiten desselben Bodens aus der andern Richtung. Eine Konversation dreht Dinge um. Und jedes Gespräch hat eine Kehr-Seite, eine Rück-Seite" (Hillmann/Ventura 1993, S. 119).
Diese Kehrseiten sind in jedem Team, in jeder Gruppe vorhanden. Ziel ist es, diese an die Oberfläche zu bringen – von der Hinterbühne auf die Vorderbühne, daß sie kommunizierbar werden. Sie existieren, obwohl die bestehenden Machtverhältnisse sie nie zu Wort kommen lassen. Diese Verkrustung muß aufgebrochen werden, denn nur so kann eine gemeinsame Wirklichkeitskonstruktion in der tagtäglichen Arbeit zum Tragen kommen. Wird sie in den informellen Bereich ab-

gedrängt, kann sich das Potential eines Teams nie entfalten. Es wird durch die Spannung zwischen dem formellen und informellen Bereich neutralisiert werden.

„Dieses fortwährende Umwenden bedeutet aber auch, daß es keinen Zweck hat, feste Positionen, endgültige Standpunkte zu haben. Dies erstickt das Gespräch" (Hillmann/Ventura 1993, S.119).

Die Konstruktion dessen, was wirklich ist oder wird, soll im Fluß bleiben. Dieser Prozeß wird oft als mühsam, schwierig erlebt. Umwege, Abkürzungen, Erleichterungen werden gesucht.

> Rettende Inseln werden angeboten, Seminare versprechen Lösungen, doch meist dominiert eine angenehme, anregende Umgebung, lösgelöst vom Alltag, ferienähnlich an der Sonne, erkenntnisheischend AHA-Erlebnisse mit andern teilend.

Feste Positionen werden aufgeweicht, relativiert, vorbereitet für den Alltag zu Hause. Teammitglieder entwickeln sich, die Arbeitswelt, die Umwelt verändert sich.

Der Blick zurück wird geübt, zur Seite gewagt, nach vorne gesucht.

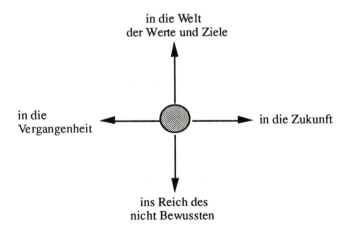

Was sind meine Geschichten, daß es so und nicht anders ist?
Mit wem teile ich diese Geschichten?

Wer stimmt mir zu? Kenne ich solche Leute? Wenn nicht, sollte ich sie mir suchen. Über die gemeinsam geteilte Welt gibt es viele Geschichten. Warum kenne ich sie nicht? Warum höre ich immer die gleichen? Suche ich sie?

Oder ich langweile mein Leben, nur um sicher zu gehen, nicht zu stolpern, meine Fassung, mein Gesicht zu wahren.
Die Konstruktion der Wirklichkeit rechtfertigt, bestätigt meine Vergangenheit. Ich legitimiere mich in der Welt fortwährend, als ob ich keine Berechtigung hätte. Meine Identität taumelt in den Morgen, das Steuer gewechselt und stabilisiert sich bereits nach dem Morgenkaffee.
Erst wenn wir Licht hineinbringen, erhellen wir unsere Wirklichkeit, die sonst vergraut in der Vorratskammer unserer Geschichte.
„Das Licht gibt uns allen Raum, den wir wollen, alle Zeit, die wir wollen. Das Licht schafft den notwendigen Raum und drängt die Grenzen der Zeit zurück" (Hillmann/Ventura 1993, S.141).

Situationsanalysen sind *Lichtquellen,* die wir auf unsere Lebenssituationen, Arbeitssituationen richten. Gestreut, gebündelt, gerichtet – aus verschiedenen Richtungen und in unterschiedlichen Intensitäten, verschiedenen Farben. Sie bringen uns einander näher, sofern es uns gelingt, die unterschiedlichen Wirklichkeiten entstehen zu lassen. Vielleicht als leuchtendes Abendrot, das gutes Wetter verkündet.

Pechtl (1989, S.23ff.) unterscheidet zwischen der subjektiven und der abgesprochenen Wirklichkeit. Die „abgesprochene Wirklichkeit" beinhaltet eine Grundakzeptanz verschiedener Sichtweisen, Einsichten, Gefühle und die Möglichkeit, jegliches Tun und Handeln als gegeben zu betrachten. Die Grundvoraussetzung für eine Teamzusammenarbeit bildet die abgesprochene Wirklichkeit. Immer wiederkehrende Situationsanalysen zielen darauf hin, die erlebte Wirklichkeit abzusprechen. Bewußtheit über die gemeinsame Arbeits- und Lebenssituation zu erlangen.

„Bewußtheit ist nichts weiter als die Pflege des Gesprächs und Unbewußtheit ist nichts weiter als das Herausfallen von Dingen aus dem Gespräch – ein Totschweigen von Dingen" (Hillmann/Ventura 1993, S. 118).

Erst diese Bewußtheit ermöglicht die Prozesse, die zur Entwicklung führen:

Prozesse der Willensbildung
Aus der Bewußtseinsbildung in der Phase der Situationsklärung heraus sind mehrere Zukünfte möglich. Verschiedene Szenarien werden entworfen. Im Zusammenhang mit der Erarbeitung von verschiedenen Alternativszenarien werden auch Strategien, Maßnahmen und Pläne entworfen. All diese Prozesse tragen dazu bei, daß der Wille für die Entwicklungsprozesse größer wird. Die Prozesse zur Willensbildung münden unausweichlich in die Phase der Zielfindung, -auswahl und -entscheidung.

Psycho-soziale Prozesse
Im Verlaufe der Situationsklärung und durch die Prozesse der Willensbildung finden allmählich Änderungen von Einstellungen und Motivationsfaktoren statt. Durch Austausch und die Auseinandersetzung von individuellen Wirklichkeiten, in der gemeinsamen Entwicklung von Alternativszenarien finden Prozesse zwischen einzelnen und Gruppen statt. In diesen Prozessen verändern sich Beziehungen und Rollen, das Klima und die Zusammenarbeit.

Lernen bedeutet u.a. Dis- und Reorganisation von Vorstellungen, Einstellungen, Arbeitsweisen usw. Der einzelne Mensch nimmt eine Veränderung (von innen oder außen initiiert) umso eher als Krise wahr, je mehr er frühere Vorstellungen für selbstverständlich richtig gehalten hat. So wird verständlich, daß sich in einem Lernprozeß zwei gegenläufige Kräfte verbinden: das Vermeiden von Risiken (man akzeptiert nur ungern Unerprobtes, Unerfahrenes) und das Bewußtsein, daß individuelle und kollektive Lernprozesse, verbunden mit Risiken, notwendig sind.

Individuelle und kollektive Lernprozesse
Der einzelne wird sich in Prozessen von Situationsklärungen seiner Konstruktions-Prinzipien bewußt und entdeckt Möglichkeiten, Einfluß zu nehmen; Dekonstruktion und Neukonstruktion seiner individuellen Wirklichkeit. In der Auseinandersetzung mit seinen TeamkollegInnen verschieben sich Grenzen zwischen dem, was einzelnen eigen ist und dem, was sie mit anderen teilen (Konsens in der Einschätzung der gemeinsamen Wirklichkeit). Weitere Lernprozesse beziehen sich auf die Entwicklung der Gesprächskultur, die Zusammenarbeit. In der Folge werden sich auch Arbeitsformen, Arbeitskonzepte und Wahrnehmungsmuster verändern. Das aktuell verfügbare Wissen wird sich im Verlaufe von Situationsklärungen beträchtlich erweitern.

3. Situationsklärung als persönlicher und kollektiver Lernprozeß

Situationsklärung heißt, aus möglichst vielen verschiedenen Blickwinkeln, Positionen und durch verschiedene Brillen ein Bild der IST-Situation entwerfen und Vorstellungen möglicher Veränderungsrichtungen offenlegen.

Es ist kaum zu glauben, wie unterschiedlich die Wirklichkeit einer Organisation durch verschiedene Mitarbeiter erlebt und erfahren wird. Während der eine das Klima in seinem Bereich als wohlwollend erlebt, seine Vorgesetzten als kooperativ und die Entwicklung der MitarbeiterInnen fördernd, lebt ein anderer aus seiner Sicht in einer ihm feindlich gesinnten Organisation, mit einem arroganten, herrschenden Vorgesetzten und überdurchschnittlichen Belastungen am Arbeitsplatz.

Es gab einmal eine Stadt mit nur blinden Einwohnern. Ein König kam mit Armee und Gefolge in die Nähe und kampierte dort. Er besaß einen mächtigen Elefanten, den er für Angriffe benutzte, weil das Riesentier den Feinden große Angst einjagte. Die Bürger waren neugierig, den Elefanten kennenzulernen, und einige Blinde machten sich auf den Weg, um Näheres über den Elefanten herauszufinden. Da sie die Gestalt eines Elefanten nicht kannten, befühlten sie seine Teile. Jeder, der einen Teil gefühlt hatte, dachte, daß er nun den Elefanten kennen würde. Sie kehrten zu ihren Mitbürgern zurück, und es bildeten um sie neugierige Gruppen. Alle fragten nach der Form und Beschaffenheit des Elefanten und lauschten andächtig. Der Mann, der das Ohr gefühlt hatte, sagte: „Der Elefant ist groß und rauh, weit und breit wie ein Teppich." Ein anderer, der den Rüssel gefühlt hatte, sagte: „Ich weiß, wie es in Wahrheit ist. Der Elefant ist wie ein gerades und hohles Rohr, furchtbar und gefährlich." Wiederum ein anderer, der die Füße und Beine gefühlt hatte, sagte: „Nein, der Elefant ist mächtig und fest wie eine Säule."
Jeder hatte einen Teil des Elefanten gefühlt, doch wähnte sich jeder im vollen Besitz der ganzen Wahrheit.
alte Sufi-Fabel aus Müller-Schöll/Priepke 1983, S.12/13

Situationsklärung heißt, die verschiedenen Bilder auszutauschen. Im weiteren aber auch, sie vorerst einfach stehen zu lassen – dem anderen zugestehen, daß er mit dem genau gleichen Recht wie ich seine Sicht hat. Die Gefahr ist groß, daß an dieser Stelle sofort das Interpretieren, Überzeugen-wollen beginnt. Oder, daß Mächtige definieren, was richtig oder falsch ist.

> „Wenn ich ein Wort gebrauche", sagte
> Goggelmoggel in recht hochmütigem Ton,
> „dann heißt es genau, was ich für
> richtig halte – nicht mehr und nicht weniger."
> „Es fragt sich nur", sagte Alice,
> ob man Wörter einfach etwas anderes
> heißen lassen kann."
> „Es fragt sich nur", sagte Goggelmoggel,
> wer der stärkere ist, weiter nichts."
> Carroll 1975, S.88

Differenzieren vor Integrieren!
Bevor integriert werden kann, müssen wir wissen was es zu integrieren gibt – also differenzieren. Häufig bringen Beteiligte in Situationsanalysen die Geduld nicht auf, beim Differenzieren zu bleiben. Differenzieren – v.a. wenn Wahrnehmungen von der eigenen abweichen – führt zu innerpsychischen Spannungen. Ein Phänomen, das auch beim „Spiel mit Ideen" anzutreffen ist:

Oft schätzen wir Ideen erst dann, wenn sie vor unseren Karren gespannt werden – wir lassen sie nicht frei herumlaufen, damit wir erleben können, wohin sie uns locken. Wird eine Idee dann in etwas „Nützliches" umgewandelt, stirbt die Idee, die Aufmerksamkeit ist von ihr abgezogen worden (nach Hillmann/Ventura 1993, S.168f.).

> „Alles, dem wir Aufmerksamkeit schenken, erwacht zum Leben" (a.o. S.153).

Werden MitarbeiterInnen an der Veränderung von Strukturen beteiligt, wird häufig Motivation, Energie, Kreativität freigesetzt, die es zu nutzen gilt.

Damit liegt in der Situationsklärung eine große Lernchance für die Beteiligten: Wer akzeptieren kann, daß seine Vorstellungen und Wirklichkeiten nicht die einzig richtigen sind, sondern bestenfalls recht und schlecht mit denen anderer Menschen übereinstimmen, lernt Toleranz und Respekt.

Der Aspekt, daß es für ein und dieselbe Situation ebensoviele Beschreibungen geben kann wie Beteiligte oder BeobachterInnen, wird durch folgende Tatsache begünstigt: Jedes Organisationsmitglied nimmt aus einer bestimmten Position heraus die Wirklichkeit der Organisation wahr und läuft Gefahr, den Teil, den es sieht, beschreibt, für das Ganze zu halten.

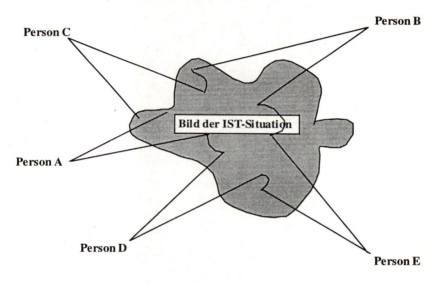

Quelle der Grafik: Management Center Vorarlberg 1992, S.133.

Das oberste Prinzip heißt Selbstdiagnose !
In der Art und Weise wie die Situationsklärung abläuft, wird für alle Beteiligten deutlich, ob Entwicklungsvorhaben möglich werden oder nicht. Ensprechend dem Grundprinzip der Organisationsentwicklung gilt es, die Betroffenen zu Beteiligten zu machen und die Diagnose der IST-Situation durch sie selbst vornehmen zu lassen, statt sie an Experten oder intern ausgewählte ModeratorInnen zu delegieren. Sehr wohl kann die Prozeßgestaltung, das Prozeßdesign, d.h. wie die einzelnen Schritte zu strukturieren sind, delegiert werden.

4. Anlässe für Situationsklärungen

Teamarbeit – Teamentwicklung
Situationsanalysen bedeuten ein Innehalten im täglichen Ablauf, Klarheit gewinnen über die Einschätzungen der Teammitglieder der aktuellen Situation hinsichtlich ihrer Zusammenarbeit, ihrer KundInnen, KlientInnen, ihrer Arbeit, ihrer Dienstleistungen. Die subjektiven Wirklichkeiten müssen von Zeit zu Zeit neu abgesprochen werden.
    Zielsetzungen, Vorgehensweisen, Veränderungsziele werden überprüft und allenfalls neu formuliert.

Ausgangssituation in Projekten
Zu Beginn jedes Projektes steht die Orientierung – eine Situationsnalayse, die das Projekt mit der bestehenden Situation verknüpft, an Vorwissen, Problemkonstellation, Ressourcen, Vorgeschichte des Projektes anschließt. Sie ist Ausgangspunkt für die Zusammenarbeit in der Projektgruppe.
    Anregung für die Arbeit in *Steuergruppen* in der Projektorganisation
    Eine wichtige Aufgabe in Steuergruppen von Projekten besteht darin, daß deren Mitglieder sich immer einen Überblick über das Projekt verschaffen, damit sie den Verlauf des Projektes kontrollieren und Entscheide treffen können. Als Grundlage für diese Entscheide bieten sich die vorliegenden Methoden zur Situationsklärung an.

Gruppenberatungen – Gruppensupervision
Meist wird hier mit Praxissituationen der TeilnehmerInnen gearbeitet. Der- oder diejenige, die arbeitet, führt eine Situationsanalyse durch, wobei diese Person durch die anderen Gruppenmitglieder unterstützt wird.

Arbeit in Organisationsentwicklungs-Projekten
Situationsanalysen haben in OE-Projekten einen zentralen Stellenwert. Ein Grundprinzip in der Organisationsentwicklung: Die Beteiligten müssen zu Betroffenen gemacht werden. Nur so werden sie in den Stand versetzt, Entwicklungen mitzutragen, und ihnen zum Durchbruch zu verhelfen.

Kursarbeit in der Erwachsenenbildung
In längeren Kursen werden immer wieder Standortbestimmungen durchgeführt, um Kursziele, Weg, Inhalte zu überprüfen und anschließend eventuelle Modifikationen vornehmen zu können.

In schwierigen Kurssituationen empfiehlt es sich, eine Situationsanalyse durchzuführen, um Klärungen erarbeiten zu können.

Auswertung ist immer ein zweiseitiger Prozeß, der Rück- und Vorschau miteinander verbindet.

Arbeiten mit erweiterten Lehr- und Lernformen
Werden in der Aus- und Weiterbildung neue, ungewohnte Wege beschritten, entsteht immer die Gefahr, daß die Lernenden (und vielleicht auch die Lehrenden) überfordert werden. Aus diesem Grunde sind periodische Situationsklärungen zu empfehlen, um mit gezielten Hilfestellungen den Lernprozeß stützen zu können.

Situationsklärungen ermöglichen auch, unterschiedliche Gestaltungspotentiale und Ressourcen in Lerngruppen freizulegen und nutzbar zu machen.

Sitzungen
Sitzungen laufen immer Gefahr, ritualisiert zu werden. Durch die zunehmende Erstarrung gehen Ressourcen der teilnehmenden Personen verloren und sind für die inhaltliche Arbeit nicht mehr verfügbar.

Vor allem wiederkehrende, regelmäßige Sitzungen sind gefährdet. Situationsklärungen helfen, die TeilnehmerInnen wieder zu aktivieren. Sitzungsverläufe, verwendete Methoden, Strukturen werden verändert ... bis zur nächsten Situationsanalyse.

Arbeitsgruppen
Arbeitsgruppen, Kommissionen drohen immer wieder, in ihrer Arbeitsweise zu erstarren. Sie arbeiten vor sich hin und vergessen dabei,

sich Gedanken zu machen *wie* sie arbeiten, welche Wege sie gewählt haben und tatsächlich gegangen sind – und wie es um die Qualität ihrer Zusammenarbeit steht.

Standortgespräche mit MitarbeiterInnen
Ein Standortgespräch besteht eigentlich aus drei Schritten. In einem ersten Schritt führen die Beteiligten eine Situationsanalyse durch. Anschließend findet ein Vergleich mit den formulierten, vereinbarten Zielen statt und in einem dritten Schritt werden Konsequenzen, Maßnahmen formuliert – der Weg bestimmt bis zum nächsten Standortgespräch.

Erarbeitung von Leitbildern
Drei Grundfragen prägen immer die Arbeit an und mit Leitbildern: Wo stehen wir? Wer sind wir? Wohin wollen wir? Situationsanalysen bieten sich an.

Diese Aufzählung mag ausreichen. Der Leser, die Leserin wird aufgrund der Beispiele neue Anwendungssituationen finden, die aus seinem/ihrem Tätigkeitsfeld stammen.

5. Grundvoraussetzungen für das Gelingen einer Situationsanalyse

Die wichtigste Voraussetzung, damit eine Situationsanalyse gelingt, ist die wertschätzende Akzeptanz unter den Beteiligten, die Pechtl folgendermassen beschreibt:

> Die *subjektive Wirklichkeit*, wie sie jemand erlebt und darstellt, wird erlaubt und primär wertschätzend akzeptiert.
> Die *abgesprochene Wirklichkeit* ist das Ergebnis aus der Bereitschaft sich zusammenzusetzen zur Auseinandersetzung.
> Ohne die wertschätzende Akzeptanz und die Beachtung von Absprachen leben Personen in verschiedenen Wirklichkeiten.

Pechtl 1989, S. 25

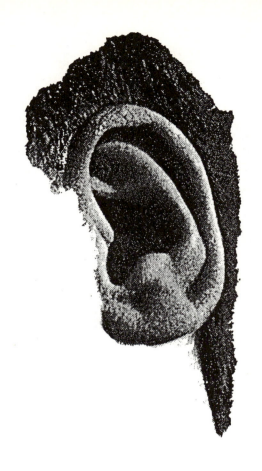

Methoden zur Situationsklärung

Übersicht:

Leitfaden für die Verarbeitung von Informationen aus den Situationsklärungen 40
1. Einzelgespräche 48
2. Standortbestimmung 50
   Beginn der Situationsklärung von Fritz Zwerg 53
3. Die sieben Wesensmerkmale der Organisation 55
   Organisations-Selbstanalyse/Aspektraster 60
4. Organisationskultur 66
4.1 Diagnose der Organisationskultur 68
4.2 Kommunikation und Zusammenarbeit in der Schule 79
5. Zukunftswerkstatt 87
6. Das gute Sehen – wahrnehmen was ist! 93
7. Kräftefeldanalyse 96
8. Überprüfung unserer Arbeitsweise 98
9. Beziehungslandkarte 100
10. Vision 102
11. Unsere Organisation als Symbol 104
12. Wandzeitung: Klären von Erwartungen und Befürchtungen . 105
13. Fünf Fragen 106
14. U-Prozedur 108
15. Team-Rekonstruktion. Ein Stück Institutions-Geschichte 114
16. Kritische Vorfälle – Kritische Entscheidungssituationen 116
17. Delphi-Befragung 118
18. Verhaltensvignetten zum Organisationsklima 120
19. Zimmer der Entwicklung 124
20. Die Situationslandkarte 128
21. Auswertung als Drehpunkt 130

22.	Fragebogen zur Kooperation in Kollegien	133
23.	„Bild" der Situation	135
24.	Ressourcen-Analyse	137
25.	Probleme in großen Gruppen	141
26.	Colombo versus Sherlock Holmes	145
27.	Geschichten erzählen	149
28.	Ordnung – Unordnung	151
29.	Grenzen	155
30.	Die unvollständigen Handlungen	160
31.	Positive – Negative Attraktoren	162
32.	Leitfaden zur Erstellung eines Szenarios	167
33.	Brainstorming Beispiel einer Situationsanalyse im Bereich Fort- und Weiterbildung	168

Zur Auswahl der Methoden 171

Leitfaden für die Verarbeitung von Informationen aus den Situationsklärungen

1. Auswahl eines Vorgehens zur Situationsklärung

Die Organisation der Informationen erfolgt durch die Beteiligten der ausgewählten Situation. Dadurch, daß sie ihre Wahrnehmungen mitteilen – ihre persönliche Konstruktion der Wirklichkeit, werden sie zu Betroffenen. Dies spiegelt einen zentralen Grundsatz der Entwicklung.

Je nach ausgewählter Methode werden unterschiedliche Arten von Informationen fokussiert. Die meisten werden in digitaler Form vorliegen, also in Sprache oder allenfalls in Zahlen. In der Arbeit mit Symbolen müssen diese in einem zweiten Schritt durch die Betroffenen aufgeschlüsselt werden – der Gehalt muß aktualisiert werden, den sie den Symbolen zuordnen. Die Komplexität wird so reduziert und der Austausch ermöglicht. Die erhobenen Informationen werden in einem weiteren Schritt ausgetauscht. Die Betroffenen erfahren dadurch Konfrontation, Bestätigung, Korrekturen, Ergänzungen. Es entstehen Übereinstimmungen, Polarisierungen, sich addierende Positionen.

Durch den Prozeß der Informationsverdichtung entstehen Tendenzen, Wünsche nach Veränderungen. Alternative Szenarien werden ausgetauscht, Veränderungsziele formuliert, die nächsten Schritte erarbeitet.

Die Rückschau auf vergangene Situationen, die die zu untersuchende generiert haben, schafft Boden für das weitere Lernen.

Auf diesem Hintergrund sollten Situationsklärungen nie nur am Schluß einer Kurseinheit, einer Beratung oder irgend einer Intervention erfolgen, weil sie nicht mehr Einfluß nehmen können auf die Kursgestaltung, das Beratungssetting und die weiterführende Lernprozesse. Situationsanalysen können zu einem Abschiedsritual verkommen, in dem die Trennung durch die Rückschau tabuisiert wird.

2. Was geschieht mit den erhobenen Informationen?

Der Einsatz einer Methode zur Situationsklärung ist einer Intervention gleichzusetzen und die Durchführung ein vorerst individueller Bewußtwerdungsprozeß. Die anschließende Gegenüberstellung der verschiedenen Sichtweisen setzt einen kollektiven Bewußtwerdungsprozeß in Gang.

Anschließend an den Informationsgewinnungsprozeß stellt sich häufig ein methodisches Problem, das vor allem KursleiterInnen, BeraterInnen dazu verführt, die Ergebnisse einer Situationsklärung, einer Berfagung, einer Erhebung zusammenzufassen – *eine Sackgasse!* Die Ergebnisse müssen so aufbereitet, geclustert werden („Sinn-Klumpen" bilden), daß sie konfrontieren. Die entstehenden Spannungen, die durch Zusammenfassungen reduziert, neutralisiert werden, führen zu Auseinandersetzungen, die weiterführen. Im Unterschied zu Zusammenfassungen, die in sich homogenisiert, Befragte erschlagen, lähmen und in Passivität abdrängen. Was ihnen letzlich noch bleibt ist das Schreien, Rufen nach Maßnahmen.

Die Reduktion der Komplexität wird durch die Betroffenen vorgenommen. Ansonsten stellt sich ein Informationsverlust ein, der sie lähmt und die Gefahr erhöht, daß die Weiterarbeit an Experten delegiert wird. Die Energie wäre ihnen so weggenommen worden. Der Prozeß wird stocken – die Entwicklung in eine Sackgasse geraten.

Die Betroffenen müssen einen Weg finden, die Informationsfülle zu bewältigen. Häufig melden sich Ohnmachtsgefühle, Lähmungserscheinungen treten auf. Die Aufgabe von ModeratorInnen, KursleiterInnen, Vorgesetzten konzentriert sich darauf, die Betroffenen zu unterstützen, daß sie einen Weg finden durch das Dickicht von Informationen und nicht der Versuchung erliegen, selbst zu suchen (im Sinne des besten Betroffenen) und den wirklich Betroffenen den eigenen Weg, die eigene Lösung aufzuschwatzen.

3. Die Betroffenen, die Gruppe, das Team steht im Brennpunkt oder wie bewältigt sie die Fülle der Informationen, die immer existent ist

Jedes soziale System hat seine Weise, seine Eigenart, komplexe Informationen bzw. die Informationsflut zu bewältigen. Mit diesen mehr oder weniger bewußten Strategien versuchen sie, die erhobenen Informationen aus den Situationsklärungen zu bewältigen. Und in dieser Art der Bewältigung spiegelt sich die Struktur der Zusammenarbeit im Team, in der Kursgruppe, im Qualifikationsgespräch, in der Abteilung: Wie findet eine Gruppe von MitarbeiterInnen den Weg von der individuellen Konstruktion von Wirklichkeit zu einem Konsens in der Einschätzung einer gemeinsamen Wirklichkeit? Findet sie den Weg, hat sie auch einen Weg gefunden im Umgang mit der Macht, die immer danach strebt, die Situation anderer zu definieren.

Eine Gruppe von Menschen, ein Team sucht in ihrer Entwicklung immer nach Wegen, die individuellen Ziele den übergreifenden Zielen (die gemeinsam übertragene institutionelle Aufgabe) unterzuordnen bzw. sie in deren Dienste zu stellen. Die Voraussetzung, die Bedingung für das Wachsen dieser Prozesse finden wir in der möglichst großen Übereinstimmung der individuellen Konstruktionen mit der gemeinsamen Wirklichkeit.

4. Die Erklärung, die Erkenntnis führt zu mutigen Schritten in die Zukunft

Die eigene Bewußtwerdung schafft die Plattform für eine gemeinsame Bewußtwerdung. Die Rhythmisierung der Polaritäten (nie zu lange in einer Polarität verharren) in Konflikten schafft neue Horizonte. Ich denke z.B. an jene MitarbeiterInnen oder an jene Teams, die in der Polarisierung verharren und dazu gebracht werden müssen, Gemeinsamkeiten herauszufinden. Jene, die sich mit dem Konflikt identifizieren, werden dazu aufgefordert, eine kritische Distanz zu finden. Wenn immer ich meiner eigenen Position bewußt werde und sie akzeptiere, erst dann kann ich mich öffnen für neue Positionen, Perspektiven. Hier liegt ein zentrales Anliegen von Situationsklärungen.

Mut erwächst aus der Sicherheit und nicht aus Verzweiflung (z.B. durch ein Martyrium). Sicherheit wächst aus dem Bewußtsein. Be-

wußtsein entsteht aus der permanenten Klärung der gemeinsamen Situation.
(Glasl: Polarität und Rhythmus in der Konfliktbehandlung, aus: Kemm/Hirsbrunner 1990, S. 203ff.)

5. Konsequenzen für das Vorgehen

5.1 Auswahl eines Verfahrens, einer Methode

Jede der vorgestellten Methoden fokussiert bestimmte Aspekte einer Situation und eine bestimmte Art von Information. Sie leitet an, wie die Informationen zu erheben sind.

Auf diesem Hintergrund wird klar, daß derjenige/diejenige eine erste Einschätzung der Situation macht, der/die eine Methode auswählt. Es ist aber auch denkbar, die Beteiligten in diese Phase einzubeziehen, wie die folgende Übersicht zeigt.

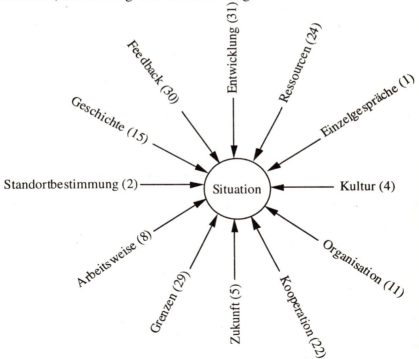

Das Gespräch mit den Situations-Beteiligten dreht sich darum, was, welche Aspekte sie in der Situationsklärung fokussieren wollen. Die Zahlen in den Klammern beziehen sich auf die entsprechenden Methoden in diesem Buch.

5.2 Aufbereiten der Informationen – Rückkoppelung

Die gesammelten, erhobenen Informationen werden durch die Betroffenen bearbeitet, so daß sie kommunizierbar werden.

Möglichkeiten:
- Eine gute Weghilfe bietet sich an im Formulieren von Hypothesen. Hypothesen im Sinne von Annahmen, Erklärungen über die Hintergründe der Konstellation einer Situation. Wie hängen verschiedene Phänomene zusammen oder wie sind sie zu erklären? So arbeiten wir mit einer Verdichtung von Informationen. Hypothesen bilden so eine organisierende Kraft. Sie ermöglichen, die Vielfalt von Eindrücken und Informationen zu ordnen und miteinander in Beziehung zu setzen. Es empfiehlt sich, immer mit mehreren Hypothesen zu arbeiten, statt nur mit einer einzigen.
- Die wichtigsten Informationen reduzieren, auswählen und sie auf Moderationskarten (A5) schreiben und Cluster bilden. Es ist von großem Vorteil, mit Moderationskarten zu arbeiten, da diese auf den Stellwänden zu bewegen, zu gruppieren sind. Mit Karten kann gespielt werden. Mit Fäden können Zusammenhänge, Vernetzungen hergestellt werden. Ergänzungen, Korrekturen sind möglich, ohne etwas zu streichen. Es kann gestaltet werden.

Die folgenden drei Methoden sind geeignet, die Informationsfülle aus den Situationsklärungen zu strukturieren. Sie bieten Wege an in der Erarbeitung gemeinsamer Wirklichkeiten.

- Mind maps herstellen

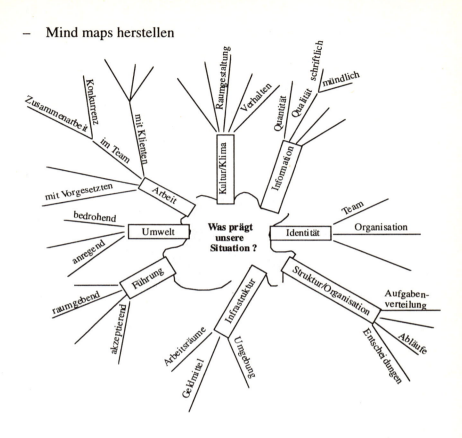

- Fischgrat-Diagramme über die Zusammenhänge

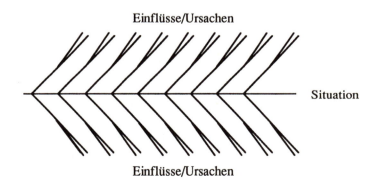

- Problem-Bäume zeichnen über die Situation

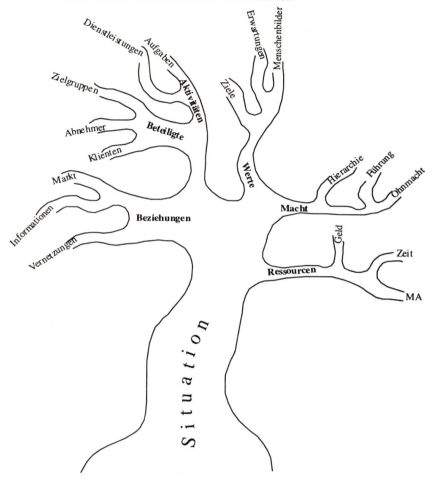

Weitere Möglichkeiten:

- *Themenspeicher bilden*; übergreifende Themen bilden Gefäße, die mit Inhalten gefüllt werden.
- *Feedback-Diagramme* (s. Brühwiler 1994, S.152)
- *Kärtchen-Abfrage* (s. 20. Situationslandkarte)

6. Vorwärtskopplung

In der Verarbeitung der erhobenen Informationen geht es über Konfrontation, Akzeptanz, Ablehnung, Auflehnung, Finden und Erkenntnis letzlich um die Suche nach Übereinstimmungen. Aus Übereinstimmungen heraus werden auch Zukunftsentwürfe aktuell. Alternativen werden gesucht, Veränderungsziele formuliert. Dieser Prozeß der Vorwärtskopplung spricht eine grundlegende Systemeigenschaft an, die Entwicklungsfähigkeit. Sobald das Entwicklungspotential geweckt ist, wird es viel schwieriger für ein System sich wieder zu restabilisieren, wieder in die alte Wirklichkeit zurückzukehren.

Werden Veränderungs- bzw. Entwicklungsziele formuliert, geht es darum, daß sich die Betroffenen bewußt werden, was sie verlassen und wohin sie wollen. Jede Zukunftsvorstellung oder Kommunikation über Zukünftiges wird zur Meta-Kommunikation über den momentanen Kontext. Dies entspricht dem „Lernen II" von G.Bateson, dem Herstellen eines Kontextes der Kontexte.

Durch die Situationsanalyse, die Rückkopplung und die Vorwärtskopplung erarbeiten sich die Betroffenen einen neuen Weg aus der zunächst amorphen Maße der zusammengetragenen Informationen. Die weitere Rückkopplung, die sich aus der Vorwärtskopplung ergibt, erlaubt einer Gruppe, einem Team, die Kapazität des Systems zur Umstrukturierung alter Pläne und zur Produktion neuer Informationen einzuschätzen.

In der zugelassenen Unordnung von Informationen kann eine neue Ordnung entstehen, die sich die Betroffenen selbst erarbeitet haben. Die Situation erhält Struktur und dadurch eine neue Gestalt.

1. Einzelgespräche

Sie bieten einen guten Zugang, wenn bei den einzelnen noch nicht genügend Vertrauen und Sicherheit aufgebaut wurde, um in einer größeren Gruppe eine offene Situationsklärung durchführen zu können.

Bei der Auswahl der GesprächspartnerInnen ist darauf zu achten, daß möglichst eine Querschnittgruppe entsteht; d.h. unterschiedliche Hierarchiestufen, Personen mit unterschiedlichen Tätigkeiten und Einflußmöglichkeiten, unterschiedliche Abteilungen, Bereiche usw.

Die Ergebnisse werden in anonymer, aufbereiteter Form (nach vorgängiger Abklärung mit den Interviewten) während einer Arbeitsklausur zur gemeinsamen Situationsklärung auf Plakaten präsentiert, diskutiert, kommentiert und ergänzt.

Gesprächsleitfaden zur Strukturierung der Einzelgespräche

Arbeit	– Was erleben sie derzeit bei ihrer Arbeit als förderlich/hinderlich?
	– Was gefällt/mißfällt ihnen an ihrer Arbeit?
Führung	– Wie erleben sie die Führung in ihrer Organisation, in ihrer Abteilung?
Zusammenarbeit	– Wie erleben, beurteilen sie die Zusammenarbeit, das Klima, die Beziehungen, das gegenseitige Vertrauen,
	– den Umgang mit Konflikten,
	– die Problemlösungsfähigkeit ihrer Organisation, Abteilung?
Information	– Wie erleben sie die Qualität der Informationen in ihrer Organisation, Abteilung?

Organisation	– Welche förderlichen/hinderlichen Aspekte der Strukturen bzw. Abläufe sehen sie in ihrer Organisation, Abteilung?
	– Wie werden Entscheidungen herbeigeführt bzw. getroffen?
Ziele/Identität	– Was sind ihrer Meinung nach wesentliche Ziele ihrer Organisation, Abteilung?
	– Warum findet ihrer Meinung nach gerade jetzt eine Situationsklärung statt?
	– Wie kommen Ziele zustande?
	– Wie realistisch/motivierend sind die Ziele?
	– Wie werden Ziele kontrolliert?
Umwelt	– Wie wirkt ihre Organisation, Abteilung nach außen?
	– Wie sind die Beziehungen, Abläufe, die Kommunikations- und Informationswege zwischen ihrer Organisation, Abteilung und KundInnen, GeschäftspartnerInnen, Behörden, MitbewerberInnen ... gestaltet?

Je nach Zielsetzung, Fokussierung der Situationsanalyse werden die Fragen ausgewählt. Es ist zu empfehlen, die Fragen zu beschränken!

Weiteres Vorgehen:
s. Leitfaden für die Verarbeitung von Informationen aus den Situationsklärungen S. 40

2. Standortbestimmung

Standortbestimmungen werden immer dann aktuell, wenn Orientierung gefragt ist: in Lernverläufen, Kursen, Beratungen, Supervisionen, in kritischen Lebenssituationen, in Arbeits- und Projektgruppen.

In der Standortbestimmung schaut der einzelne, die Gruppe aus der aktuellen Gegenwart sowohl in die Vergangenheit – befaßt sich mit der Geschichte – als auch in die Zukunft – befaßt sich mit dem, was werden könnte.

Die Standortbestimmung wird im folgenden dargestellt als Weg mit verschiedenen Stationen. Ausgangspunkt ist die Analyse des Kontextes und das anschließende Abtauchen in die *Geschichte*.

Im Durchleben der eigenen Geschichte, der Geschichte der Projektgruppe als Beispiel, werden *Probleme, Krisen* angetroffen, die beschrieben werden.

Anschließend werden die *Bewältigungsstrategien* herausgearbeitet, die Aufschluß geben über *Ressourcen* und *Stärken,* aber auch *Defizite* und *Schwächen* aufzeigen. Diese Analyse führt zu den damals und vielleicht auch heute noch wirkenden *Ängsten* und *Befürchtungen.* Die Gegenüberstellung von Stärken und Schwächen ermöglicht häufig, neue Ressourcen zu entdecken. Aufgrund der bisherigen Stationen wird es nun möglich sein, *Visionen* und *Wünsche* zu formulieren.

Am Ende des Weges stehen die *nächsten Schritte;* Optionen, Alternativen, Aussichten.

Der beschriebene Weg einer Standortbestimmung kann als Grundstruktur für eine ein- oder zweitägige Retraite verwendet werden. Als Sequenzierung bieten sich vier Phasen an:

1.Phase
Kontext beschreiben
Geschichte rekonstruieren
Probleme und Krisen

2.Phase
Bewältigungsstrategien
Ressourcen und Stärken
Defizite und Schwächen

3.Phase
Befürchtungen, Ängste
Visionen und Wünsche

4.Phase
Die nächsten Schritte
Optionen, Aussichten, Alternativen

Übersicht:

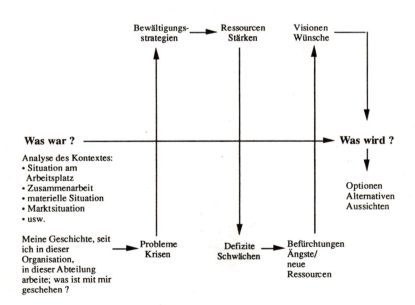

Fritz Zwerg

Herr Zwerg ist 1,83 groß und wiegt 76 kg. Mit seinen 43 Jahren hat er wider seinen Willen einen Bauch angesetzt. Von der Erscheinung her befindet er sich zwischen fest und dick. Seine Ehefrau übt über seinen Bauch eine strenge Kontrolle aus. Sie verabscheut Dicksäcke. Sie ruft ihren Mann Zwerg, obwohl sie ihn eigentlich Fritz nennen könnte. Innerhalb der eigenen vier Wände ist er der Zwerg und außerhalb Fritz.

Fritz Zwerg klingt zackig, kurzangebunden, pflichtbewußt, direkt und ohne lange Umwege. Er arbeitet als Prokurist in einer Großbank, in der er – nicht nur die Bank – großartig funktioniert. Leute wie Fritz Zwerg werden geschätzt im Betrieb: dienstbeflissen, gehorsam, sorgfältig ausführend, linientreu und bei all dem bescheiden geblieben.

I

Fritz fährt mit der S-Bahn zur Arbeit. Diese Morgenzüge sind dauernd überfüllt. Wahrscheinlich sind die Bahnhofstrecken-Abschnitte der SBB zu kurz geraten, was für Schweizer-Verhältnisse nicht weiter verwunderlich ist.

Plötzlich stoppt der Zug mitten zwischen zwei Bahnhöfen, wo er sonst nie hält. Dann kann es auch kein Signal sein, geht Fritz durch den Kopf. Schnellzüge rasen in kurzen Abständen vorbei. Die Fahrgäste werden zunehmend unruhiger. Erst jene auf den Stehplätzen, dann jene die sitzen. Vermutlich werden alle zu spät zur Arbeit kommen. Ruhig bleiben die Studenten, die können Vorlesungen problemlos überspringen. Immer fröhlicher werden Schüler und Schülerinnen. Sie freuen sich über die Stundenausfälle, für die sie ganz und gar nichts können. Ich bin selten Schülern begegnet, die ausgefallenen Stunden nachtrauern – ganz im Gegensatz zu Lehrern, die schnell Verstopfungen kriegen, weil sich der Stoff staut. Erstaunlich – immer wieder – wie viele Menschen den Übergang meistern von der Schüler- zur Lehrerrolle.

Herr Zwerg, dessen Vater übrigens Volksschullehrer war, rutscht unruhig nach vorn und hinten. Weil die Sitzplätze in den neuen Zügen so eng sind, ist es ihm auch nicht möglich, hin- und herzurutschen. Eben stößt er mit seinem linken Knie an das Knie des gegenübersitzenden Fahrgastes, der verärgert von seiner Zeitung aufblickt und ihm einen bösen Blick zuwirft. Herr Zwerg murmelt etwas von Entschuldigung und stellt sein Rutschen ein. Er beschränkt sich auf ein inneres Hin- und Herrutschen. In seiner Fantasie ist er schon längst an seinem Arbeitsplatz, sitzt an seinem Arbeitstisch, hält den Telefonhörer an sein linkes Ohr, damit er mit seiner Rechten, während er auf seinen Anschluß warten muß, noch ein rotes Formular ausfüllen kann. Dieses Kombinieren spart Zeit. Die Anregung hat er in einem internen Fortbildungskurs „Zeit-Management" erhalten. Er war begeistert von diesem Kurs.

Fritz spürt in sich den Ärger darüber, daß eine fremde Macht, die SBB, ihn in seinem Funktionieren hindert, daß er ausgerechnet heute kein Dossier dabei hat, um hier und jetzt seine Arbeit beginnen zu können. Die Zeitung, die auf seinen Knien liegt, mag er aus diesem Grund auch nicht lesen. Endlich – nach einer Viertelstunde – kommt wenigstens eine Erklärung über den Lautsprecher. „Eine Störung in der Zugmaschine. Wir bitten um Verständnis!" Die SBB hat eine seriöse Informationsstrategie. Sie informieren erst, wenn sie wirklich etwas wissen. Manchmal kann das Stunden dauern und die Fahrgäste werden im Unklaren belassen.

Herr Zwerg wird vor Wut innerlich immer größer. Bald schon ist er beim obersten Verkehrsminister, dem Dölf Ogi, angelangt, um sich zu beschweren.

Schließlich ein Ruck – und der Zug setzt sich in Bewegung. Er wird abgeschleppt.

Eine Stunde zu spät betritt Herr Zwerg sein Büro, informiert alle Mitarbeiter und Mitarbeiterinnen über den Grund seiner Verspätung – auch jene, die sich dafür gar nicht interessieren. Er ist eben gründlich. Als nächstes ruft er seine Frau an, daß er drei Stunden später nach Hause komme. Eine Stunde ist inzwischen bereits wieder vergangen. Das Gespräch mit seiner Frau ist wiederum in einen Streit ausgeartet. Er beendet diesen routiniert mit Pflicht, Ordnung, sich auftürmenden Arbeitsbergen, unentbehrlich sein.

Fortsetzung S. 78

3. Die sieben Wesensmerkmale (Schalen) der Organisation

Dieses Organisationsverständnis (die sieben Wesensmerkmale) dient als Grundlage für das anschließende Beispiel einer Organisations-Selbstdiagnose.

1. Identität

Jede Organisation ist eine Antwort auf gesellschaftliche Bedürfnisse. Die Identität umfaßt die eigentliche gesellschaftliche Aufgabe, den Sinn und Daseinszweck der Organisation. Dies ermöglicht den MitarbeiterInnen, sich mit ihrer Arbeit zu identifizieren (Sinnfindung, Motivation). Neben dieser Wirkung strahlt die Organisation auf ihre Umgebung aus. Dadurch erhält sie Bedeutung, ein „Bild", das in Vision und Leitbild überprüft wird.

Fragen:
- Wer sind wir und was wollen wir?
- Was ist die Kernaufgabe der Organisation?
- Hat sich in der letzten Zeit ein Wandel in der gesellschaftlichen Funktion ergeben?
- Welches Image hat unsere Organisation innerhalb und außerhalb der Organisation?
- Welches sind unsere Klienten, Adreßaten? Was haben wir für ein Verständnis von ihnen und wie definieren wir sie?
- Verfügen wir über ein Leitbild? Ist es noch aktuell?
- Stimmen unsere aktuellen Ziele und Werte mit dem Leitbild überein?

2. Programme, Strategien, Konzepte

Um die Ziele realisieren zu können, braucht die Organisation Programme, Konzepte und Strategien: Schulungsprogramme, Erziehungs- und Betreuungskonzepte, Projekte. Neben diesen meist geschriebenen Konzepten und Strategien existieren auch unausgesprochene Konzepte.

Fragen:
– Welche grundsätzlichen Strategien verfolgen wir?
– Reichen Leitsätze, Strategien, Konzepte aus, um die allgemeinen Ziele und Werte zu konkretisieren?
– Inwiefern werden sie von MitarbeiterInnen akzeptiert (unterschiedliche Leitsätze von verschiedenen Teilsystemen)?
– Existieren bei uns Pädagogische Konzepte – Förderkonzepte?
– Wie kommen Ziele zustande? Wer ist an deren Erarbeitung beteiligt?

Neben der offiziellen, formulierten Politik existieren viele ungeschriebene Regeln und Richtlinien, Mythen, Sagen, Legenden, Erfolgsrezepte aus der Vergangenheit, die in den Denkgewohnheiten der Mitarbeiter verwurzelt sind. Die ungeschriebenen, praktizierten Leitsätze können zu den offiziellen in Widerspruch stehen und deren Geltung in Frage stellen.

3. Struktur, Aufbau

Jede Organisation ist aufgebaut nach einem bestimmten Strukturprinzip, das sich im Organigramm der Organisation spiegelt. Im Organigramm zeigt sich die horizontale Gliederung der verschiedenen Einheiten und die vertikale Gliederung der Hierarchie (die verschiedenen Führungsebenen). Die Aufbaustruktur ist nicht zufällig, sondern spiegelt eine Grundhaltung: Unser Verständnis, wie die Aufgabe am besten bewältigt werden kann.

Strukturen sind Ordnungsmuster in der Organisation: z.B. Stellenbeschreibungen, Arbeitspläne, Arbeitszeiten, Gremien, Sitzungsrhythmus usw.

Es gibt Organisationen, die einen entwicklungsfördernden Rahmen bieten und andere, die das System so strukturieren, daß möglichst alles fest und geregelt ist.
Struktur und Kultur stehen in einem zirkulären Zusammenhang.

Fragen:
- Liegt der Aufbaustruktur ein statisches oder dynamisches Denken zugrunde? Ein mechanistisches oder organisches? Wie zweckmäßig ist dieses Konzept bezüglich der Ziele, Lernaufgaben, Ressourcen?
- Welche Unternehmensbereiche, Abteilungen hat unsere Organisation und wie sind die einzelnen Einheiten miteinander vernetzt?
- Was an unserer Struktur ist transparent, was nicht?
- Welche Steuerungsstrukturen gibt es und wie funktionieren sie?

4. Menschen Gruppen, Klima

Die Arbeit in der Organisation erfolgt durch Menschen (allenfalls unterstützt durch Maschinen). Wie eine Organisation ihre Gesamtaufgabe erfüllt, hängt immer vom Zusammenwirken, von der Zusammenarbeit der beteiligten MitarbeiterInnen ab. Jede Veränderung in der Organisation erfolgt über Menschen und Gruppen (Organisation nach Menschenmaß). Die Menschen bringen Fähigkeiten mit, pflegen Beziehungen untereinander, bilden Gruppen und sind unterschiedlich motiviert.

Fragen:
- Reichen Fähigkeiten, Wissen, Können aus, um den Anforderungen in der Zukunft zu entsprechen?
- Wie wird geführt? Welche Führungsgrundsätze sind formuliert, welche Führungsstile werden praktiziert?
- Wie lassen sich Arbeitsbeziehungen, Klima beschreiben?
- Welche Formen von Anerkennung sind mir bekannt? Wofür erhält man in der Organisation Anerkennung und wofür nicht?
  Formelle Anerkennung: Lohn, Beförderung
  Informell: Status, Lob usw.

Reibungen und Spannungen in diesem Bereich sind vielleicht Ausdruck eines Sinnvakuums, wenig konkreter Leitsätze, der Unglaubwürdigkeit erklärter Werte und Grundsätze.

5. Einzelfunktionen, Organe

Die Funktion jedes Mitarbeiters, jeder Mitarbeiterin besteht aus den vier Aspekten: Aufgaben, Kompetenzen, Verantwortung und Rolle. Die Aufgaben beschreiben die Tätigkeiten der MitarbeiterInnen, die häufig in Stellenbeschreibungen, Pflichtenheften usw. festgehalten sind. Die Kompetenzen beschreiben den Rechtsraum: Was er/sie tun darf und was nicht. Jeder Mitarbeiter, jede Mitarbeiterin verantwortet sein/ihr eigenes Tun. Die Verantwortung beinhaltet aber auch das Abschätzen von Konsequenzen des eigenen Handelns. Der Aspekt „Rolle" bezieht sich auf die verschiedenen Erwartungen, die an eine Position (Stelle) gerichtet sind. Diese Funktionen sind nicht nur für alle MitarbeiterInnen zu klären, sondern auch für Teams, Gremien, Abteilungen usw.

Fragen:
– Sind die Aufgaben klar definiert und mit entsprechenden Kompetenzen ausgestattet?
– Wer übernimmt wo Verantwortung?
– Sind die Rollen – die gegenseitigen Erwartungen geklärt?
– Wie sind die einzelnen Funktionen miteinander vernetzt?

Hier dürfen keine autarken Inseln entstehen, sondern jede Funktion muß klar die Nahtstelle zu den KundInnen oder zu einer anderen Organisationseinheit erkennen lassen, mit der sie zusammenarbeitet.

6. Prozesse, Abläufe

Wenn die Aufbaustruktur (das Organigramm) die Aufgabe hat, die komplexe Organisation aufzuteilen, so sind die Abläufe wieder das Verbindende. Sie „wickeln" alle Funktionen ein und „schlängeln" sich durch die ganze Organisation.

Abläufe sind „Wege", die von Themen und Gegenständen durch die Aufbaustruktur der Organisation „gegangen" werden. Die Pfade vernetzen die einzelnen Funktionen untereinander.

Fragen:
- Wie sehen die Arbeitsabläufe aus? Wer ist dabei ein- oder ausgeschlossen?
- Wer informiert wen, wann, in welcher Form? Die Antwort führt zu den Informationsabläufen.
- Wie kommen Entscheidungen zustande?
- Sind Abläufe stark formalisiert und geregelt oder läuft vieles spontan?

7. Infrastruktur, Sachmittel

Zu diesen Merkmalen gehören Finanzen, Gebäude, Räume, Inneneinrichtungen, Maschinen, Geräte, Anlagen, Gärten, Transportmittel, Informationsmittel, Kommunikationsmedien usw.

Fragen:
- Ressourcen, materielle Ausstattung: wie sind sie verteilt?
- Welche bauliche Struktur steht zur Auftragserfüllung zur Verfügung?
- Fördern oder behindern räumliche Aufteilungen die Zusammenarbeit?
- Wie ist die finanzielle Situation der Organisation beschaffen?

Die 7 Wesensmerkmale sind untereinander vernetzt. Es gibt viele sichtbare und noch mehr „unterirdische" Verbindungslinien und Wasserläufe. Darum können wir uns in der Diagnose nicht auf einige Wesensmerkmale beschränken. Einzelne Wesensmerkmale sind Teile eines Ganzen.

Quellen:
Biehal 1993
Glasl 1990
Glasl/Lievegoed 1993
Glasl/Brugger 1994
Management Center Vorarlberg 1992

Organisations-Selbstanalyse am Beispiel eines regionalen Sozialdienstes

Der folgende Aspekt-Raster stammt von Glasl (1993). Ich danke ihm für die freundliche Genehmigung, diesen hier aufführen zu dürfen. Ich habe ihn verändert und zugeschnitten auf die Situation eines Regionalen Sozialdienstes.

Auf den folgenden Seiten finden Sie eine Liste mit Aspekten Ihrer Organisation.

Der eine oder andere Aspekt wird von Ihnen vielleicht als problematisch und verbesserungswürdig erlebt. Mit anderen sind Sie zufrieden.

Bitte machen Sie folgende *Angaben:*
Arbeitsbereich:
Funktion:
Dienstalter:
Name:

Vorgehen:

1. Schritt: Bewerten der Aspekte
Gehen Sie die anschließende Liste durch und bewerten Sie die einzelnen Aspekte.

in der + Spalte bedeutet	*in der – Spalte bedeutet*
1 = befriedigend	1 = eher unbefriedigend
2 = gut	2 = unbefriedigend
3 = sehr gut	3 = sehr unbefriedigend

Wenn Sie in einem der Bereiche den Eindruck haben, daß wichtige Aspekte fehlen, so fügen Sie diese am Ende des Bereiches ein und bewerten Sie.

Anmerkung zum Aspekt-Raster:
Die kursiv geschriebenen Aspekte beziehen sich auf das *Umfeld* der Organisation bzw. Vernetzung mit ihrer Umwelt.

Aspektraster

+ 1-3	- 1-3	1. Ziel, Identität des Sozialdienstes
		1.1 Auftrag des Sozialdienstes 1.2 Image des Sozialdienstes nach innen *1.3 Image bei KundInnen* *1.4 Image bei Mitgliedsgemeinden* *1.5 Image in der Öffentlichkeit* 1.6 Langfristige Ziele/Leitbild 1.7 Geschichte, Tradition 1.8 Zukunftsorientierung 1.9 Konkurrenzposition 1.10 Trägerschaft 1.11 Qualität des Sozialdienstes 1.12 Abhängigkeit, Selbständigkeit 1.13 Arbeitsverständnis 1.14 ....

+ 1-3	- 1-3	2. Strategien, Programme
		2.1 Langfristige Programme 2.2 Leitbild der Kunden 2.3 PR-Konzept Selbstbild nach aussen 2.4 Dienstleistungsangebot 2.5 Übereinstimmung zwischen Angebot und Nachfrage 2.6 Entwicklungsmöglichkeiten 2.7 Budgetpolitik 2.8 Investitionspolitik 2.9 Personalpolitik 2.10 Gehaltspolitik 2.11 Führungsgrundsätze/Führungsphilosophie 2.12 Abstimmung mit anderen der "Branche" 2.13 ....

| + 1-3 | − 1-3 | 3. Struktur |

3.1 Zweckverbandsbestimmungen
3.2 Organisationsstruktur des Sozialdienstes
3.3 Organisation der Subsysteme
3.4 Vernetzung Sozialdienst/Zweckverband
3.5 Strukturelle Beziehungen zu externen Gruppierungen
3.6 Präsenz in Verbänden
3.7 Strategische Allianzen im Umfeld
3.8 Führungsebenen
3.9 Durchschaubarkeit (Transparenz) der Struktur
3.10 Flexibilität der Subsysteme
3.11 Projektorganisation
3.12 ....

| + 1-3 | − 1-3 | 4. Menschen, Gruppen, Klima |

4.1 Arbeitsklima im Sozialdienst
4.2 Identifikation der MitarbeiterInnen im Sozialdienst
4.3 Motivation, Leistungsbereitschaft der MitarbeiterInnen
4.4 Aufgeschlossenheit für Neuerungen
4.5 Beziehung Leiter - MitarbeiterInnen
4.6 Führungspraxis
4.7 Beziehung Stellvertreterin - MitarbeiterInnen
4.8 Arbeitsbeziehungen unter den MitarbeiterInnen (MA)
4.9 Wissen, Können der MA im Sekretariat
4.10 Wissen, Können der MA im Rechnungswesen
4.11 Wissen, Können der MA in der Sozialarbeit
4.12 Quantität; Stellenprozente im Sekretariat
4.12 Quantität; Stellenprozente im Rechnungswesen
4.13 Quantität; Stellenprozente in der Sozialarbeit
4.14 Aus- und Weiterbildung der MA, Personalförderung
4.15 Sicherheit/Unsicherheit des Personals
4.16 Pflege informeller Beziehungen zu andern Stellen
4.17 Stil des Umgangs mit Macht gegenüber dem Umfeld
4.18 ....

+ 1-3	- 1-3	**5. Einzelne Funktionen, Organe** Funktion: Aufgaben, Kompetenzen, Verantwortung
		5.1 Funktion der Delegiertenversammlung 5.2 Funktion der Aufsichtskommission 5.3 Funktion des Stellenleiters 5.4 Funktion der Stellvertreterin 5.5 Funktion der SozialarbeiterInnen 5.6 Funktion der MA Sekretariat 5.7 Funktion der MA Rechnungswesen 5.8 Klarheit und Logik der Arbeitsteilung 5.9 Klarheit und Logik der Entscheidungskompetenzen 5.10 Klarheit und Logik der Verantwortungsbereiche 5.11 Klarheit der Funktionen zu externen Schnittstellen 5.12 Funktion der Teamsitzung 5.13 Planungsfunktion 5.14 Kontrollfunktion 5.15 Koordinationsfunktion 5.16 Delegationsprinzipien 5.17 ....
+ 1-3	- 1-3	**6. Arbeitsabläufe, Prozesse**
		6.1 Primäre Arbeitsprozesse (Kundenkontakt) 6.2 Sekundäre Arbeitsprozesse (Pflege und Unterstützung des Primärprozesses) 6.3 Tertiäre Arbeitsprozesse (längerfristige Planung, Strategien, Policybildung) 6.4 Abläufe zwischen den Subsystemen 6.5 Dienstweg 6.6 Entscheidungsprozesse 6.7 Behandeln von Beschwerden (Rekursen) 6.8 Beratungsverläufe 6.9 Administrative Abläufe 6.10 Fallverteilung 6.11 Arbeitsplanung 6.12 Verhältnis zwischen Aufwand und Wirkung (Effizienz) 6.13 Informationsabläufe 6.14 Einführung neuer MitarbeiterInnen 6.15 Beschaffungsprozesse externer Informationen 6.16 Beschaffungsprozesse externer Ressourcen 6.17 ....

+ 1-3	− 1-3	**7. Infrastruktur**
		7.1 Gebäude des Sozialdienstes 7.2 Umfeld des Sozialdienstes 7.3 Verkehrslage 7.4 Büroräume, Möbel, Komfort 7.5 Versorgung mit EDV 7.6 Eigener Arbeitsplatz 7.7 Büromaterial, Formulare 7.8 Kommunikationsmittel 7.9 Budgetrahmen 7.10 Bibliothek 7.11 Spesenregelung 7.12 Ausschöpfen externer Ressourcen 7.13 ....

2. Schritt: Welche Aspekte sind am wichtigsten?
Wählen Sie jene 5 Aspekte aus, die Sie am wenigsten befriedigen, die sie als sehr problematisch erleben.

Schreiben Sie die Nummern dieser Aspekte in die untenstehenden Felder.

3. Schritt: Wo ist die Veränderung am dringendsten?
Ordnen Sie die 5 Aspekte aus dem 2. Schritt nach ihrer Dringlichkeit – so wie Sie die Dringlichkeit ihrer Bearbeitung, ihrer Veränderung erleben.

Beispiel

Tragen Sie jetzt die 5 Aspekte nach ihrer Dringlichkeit ein!

Weniger dringlich   am dringendsten
_____

4.Schritt: Problembearbeitung
Wählen Sie aus dem Schritt 3 denjenigen Aspekt aus, der am dringendsten einer Bearbeitung bedarf:

Aspekt Nr.:

1. So sehe ich den IST-Zustand, so ist es momentan aus meiner Sicht, das ist in meinen Augen problematisch, das sind die Ursachen dafür:

2. So stelle ich mir den SOLL-Zustand vor, so müßte es nach meiner Vorstellung aussehen, damit die Probleme behoben sind:

3. Mit den folgenden Maßnahmen könnte der gewünschte Zustand erreicht werden.

Quellen:

Egli 1991
Glasl 1993
Management Center Vorarlberg 1992

4. Organisationskultur

Wir verstehen Kultur in einem sozialen System als erworbenes Wissens- und Erkenntnissystem zur Interpretation der Erfahrungen und zur Generierung von Handlungen. Sie bilden ein Netz von Werten, Glaubensvorstellungen, kognitiver und normativer Orientierungsmuster, die das System auf der geistigen Ebene zusammenhalten.

Die Kultur definiert, was zur guten Dienstleistung gehört, wie man sich gegenüber Vorgesetzten verhält, wie sich MitarbeiterInnen kleiden sollten, wie sie sich zur Arbeit einstellen sollten, wie man über die Konkurrenz denkt usw.

Die Systemmitglieder erwerben somit die „richtige" Art, das Geschehen wahr-zunehmen, darüber zu denken und zu fühlen.

Kultur ist das Resultat selbstorganisierender Prozesse eines sozialen Ganzen.

Alle Äußerungsformen der Kultur sind darauf ausgerichtet:
- Sinn transparent zu machen
- Sinn im Alltag erlebbar zu gestalten und damit sinnvermittelnd zu wirken.
- Zwischen dem Handeln im System und den Sinngrundlagen des Systems eine „Brücke" zu schlagen.

Kultur kann somit auch als *Sinnträger* des Systems beschrieben werden. Die in ihr zusammenfließenden Grundannahmen, Werte und Normen können nicht direkt erschlossen werden. Sie *symbolisieren* sich in allem, was das System tut und nicht tut.

Systeme schirmen sich ab, bilden und erhalten ihre Grenzen, zeigen, was dazu gehört und was nicht usw. Sie sind auf sich selbst bezogen. Jedes Verhalten wirkt auf sich selbst, auf das System zurück und wird zum Ausgangspunkt für weiteres Verhalten. Störungen wird aus dem System heraus begegnet und es werden entsprechende Ab-

wehrmaßnahmen getroffen. Gleichzeitig werden interne Synergien in den Systemaktivitäten genutzt und ein Zusammenhalt, eine Einheit geschaffen, aufrechterhalten und weiterentwickelt. So entstehen Eigenwerte und Eigenverhalten.

Durch die Interaktion und Aktivitäten der Organisationsmitglieder wird eine Kultur ständig neu „produziert" und aufrechterhalten.

Im Idealfall zeigt Kultur einen „optimalen" Pfad zwischen Erhalten und Erneuern.

4.1 Diagnose der Organisationskultur

Für die freundliche Genehmigung, diesen Grundraster übernehmen zu dürfen, möchte ich Fritz Glasl herzlich danken.

Die nachfolgende Zusammenstellung dient als Beobachtungsraster, der je nach situativer Gegebenheit gekürzt oder erweitert werden kann. Die Mitarbeiter und Mitarbeiterinnen einer Organisation, eines Teams, einer Abteilung, einer Weiterbildung beobachten ihre Kultur über eine bestimmte Zeit. In einer Retraite oder Arbeitstagung werden die Beobachtungen zusammengetragen, Schwerpunkte gebildet. Aus dieser Situationsklärung heraus werden anschließend Veränderungsziele formuliert und nach Möglichkeiten, Wegen gesucht, wie diese Ziele erreicht werden können.

Kultur-Aspekte	Beobachtungen Feststellungen, Meinungen auf die Organisation, Abteilung bezogen

Grundwerte, Ideen:
Die Organisationskultur enthält Normen (unterstützend oder ablehnend), die der Teamarbeit, Delegation, Selbstkontrolle usw. eine Verankerung geben.

Dominiert beispielsweise in einer Organisation ein mechanistisches Verständnis der Zusammenarbeit (nach dem Vorbild einer Maschine) wird Teamentwicklung zur Verbesserung der Zusammenarbeit nie greifen können.

Riten und Rituale
Zu Automatismen gewordene Verfahrensregeln werden nicht mehr in Frage gestellt. Entscheidungsprozeße sind häufig ritualisiert. Der Grund liegt wahrscheinlich darin, daß es tagtäglich so viel zu entscheiden gilt und dadurch die Angst aktualisiert wird, für diese Prozesse viel zu viel Zeit aufwenden zu müssen. Als Beispiel denke ich an den geschäftsleitenden Ausschuß, der im Zuge der Entwicklung seine Entscheidungspraxis überprüfte und feststellte, daß diese Prozesse eigentlich immer nach dem gleichen Muster ablaufen: es sind zwei Phasen festzustellen:
1. Chaos; jeder redet, keiner nimmt Bezug, versucht sich aber durchzusetzen.
2. Die Zeit drängt; der Chef setzt sich durch.

Wir erarbeiteten ein neues, klareres Entscheidungsmodell, das drei klar unterscheidbare Phasen aufweist:
1. Positionen deklarieren
2. Meinungsbildung
3. Entscheidung nach vereinbartem Modus

Erst eine längere Entscheidungsbegleitung ermöglichte eine Veränderung. Die tiefsitzenden Rituale, die in der Organsiationskultur verankert sind, brauchen viel Zeit und Hilfe, bis sie verändert werden können.

Denkgewohnheiten
Sie stammen aus der Vergangenheit, in der sie einmal Problemlösungen ermöglicht haben. Das Denken in der Pionier-

phase eines Unternehmens unterscheidet sich deutlich vom Denken in der Integrationsphase.

Analog verhält es sich auf das einzelne Individuum bezogen: Denkgewohnheiten sind stark verknüpft mit der Familienkultur. Jahrzehnte später werde ich noch eingeholt durch diese Muster. Immer wieder wird der einzelne damit konfrontiert, adäquatere Gewohnheiten zu entwickeln.

Erfolgsregeln
Die Erfolgsregeln werden im Familienverband gelernt und in Organisationen verstärkt. Bekanntlich ist es nicht zufällig, wer in welcher Organisation in welcher Position arbeitet.

Erfolgsregeln stammen aus der Vergangenheit. Sie haben Eindruck gemacht, werden verallgemeinert und auch auf unpassende Situationen angewandt. „Mach es immer allen recht" als Erfolgsregel in der Herkunftsfamilie kann als Antreiber in der späteren Arbeitswelt verheerend sein, weil er die persönliche Entwicklung verhindert und den einzelnen in unendliche Loyalitätskonflikte verstricken kann.

Helden/Heldinnen
Als Helden/Heldinnen beschreibt Glasl Vorbildpersonen im Unternehmen, die durch ihr Denken und Tun die zentralen Grundwerte des Unternehmens verkörpern und leben. In Aufbauphasen von Organisationen fördern diese Helden Entwicklungsprozesse immens. Hat sich in der Folge die Situation der Organisation

verändert – z.B. wenn sie sich zu differenzieren beginnt – werden die gleichen Helden die Entwicklungsprozesse mit gleicher Kraft bremsen und zu verhindern suchen wie sie sie vorher gefördert haben.

Götter/Göttinnen
In der heutigen Zeit schließen sich v.a. in der Industrie immer mehr Unternehmen zusammen, werden aufgekauft und es bilden sich immer größere Komplexe. Die obersten Führungspersonen rücken immer weiter weg – befinden sich vielleicht sogar auf einem andern Kontinent. Es gibt unerreichbare Vorbild-Personen, mit denen sich aber kein Mitarbeiter als „Normal-Sterblicher" mehr identifizieren kann.

Antihelden
sind Personen, die genau das Gegenteil der propagierten Tugenden und Grundwerte verkörpern.

Mythen
Mythen sind im Unternehmen als richtig und selbstverständlich angesehene Erklärungen der Wirklichkeit, häufig verzerrt und der Rechtfertigung dienend.

Götter und Heldensagen
Geschichten, die meist ausgemalt und übertrieben sind. In ihnen werden Erfolgstaten der Vorbildpersonen überliefert. Sie sind Ausdruck der anerkannten Leitwerte des Unternehmens.

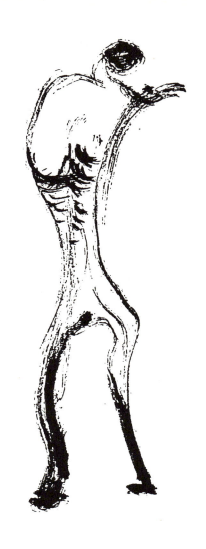

Biografie
Die Geschichte der Ideen, Produkte (Dienstleistungen), Problemlösungsansätze der Organisation, die als gemeinsame Vorstellung erleben lassen, daß man als Unternehmen das Leben meistern kann. Auf diesem Hintergrund existiert auch in jedem Unternehmen eine Entwicklungsgeschichte.

Symbole
Gebäude, Einrichtungen, Firmenlogo usw., die etwas vom Charakter, d.h. vom Wesen des Unternehmens zum Ausdruck bringen. So wirkt auch die Umgebung, sei es ein Park mit altem Baumbestand am See, rundherum Asphalt, so weit das Auge reicht, die alte Gärtnerei, die einem riesigen Parkplatz weichen mußte, das Aussiedeln wie bei den Bauern, alles kompakte, neue Gebäude...usw.

Image
Nach außen wie nach innen, das Selbstbild, welches das Unternehmen von sich hat und pflegt und als Ergänzung das Image, das die Organisation in der unmittelbaren Umgebung, im Dorf, in der Stadt hat, weiter bei der Konkurrenz; sozialpädagogische Institutionen bei Versorgern.

Ich arbeitete längere Zeit in einer Bildungsinstitution im sozialpädagogischen Bereich, die über ein sehr konservatives Image klagte „eine Bastelschule von gestern in der Provinz" zu sein. Alle MitarbeiterInnen klagten immer wieder über dieses Außenbild, das längst nicht mehr dem Innenbild entsprach. Über eine längere Zeit arbeitete dieses Team daran, das Außen- und Innenbild näher zusammenzubringen: Lehrplanarbeit, Artikel über das Berufsbild der Absolventinnen und Absolventen, Veranstaltungen, neuer Name, neue Prospekte, „Firmenlogo" usw. Für mich waren dies Erfahrungen, die mich überzeugten, daß Entwicklungen im kulturellen Bereich möglich sind. Sie zeigen aber auch, wie viel Arbeit es braucht, ein unermüdliches Überwinden der Institutionsschranken.

Schattenbild
Das unerwünschte Bild aus der Vergangenheit, das die unerwünschten Eigenschaften verkörpert. Das Altersheim, das früher eine Anstalt war. Pro Juventute mit ihrer Aktion „Kinder der Landstraße"usw., die Dow Chemical, die früher einmal Napalm für Vietnam produzierte.

Sprache
Organisationen fördern einen bestimmten Sprachgebrauch, der für sie typisch ist, z.B. Technikersprache, Künstlersprache, Psychosprache, Bausprache...

Leitbilder und Leitsätze
Die programmierten und als erstrebenswert erachteten Fernziele des Unternehmens oder einzelne Aussagen, Maximen der Unternehmenspolitik.

Strategien
Wie wir Ziele erreichen sollen, können, wollen, haben wir als Kinder in unserer Herkunftsfamilie gelernt – viel umfassen-

der, wirksamer, als später in der Schule, in der vorwiegend Kausalität trainiert wird. Die Organisationskultur beinhaltet umfassende Vorstellungen über den Weg, auf dem mittelfristige Fernziele erreicht werden sollten.

Programme
Programme entstehen durch Verkettung von einzelnen mittel- und kurzfristigen Aktionsplänen zu abgestimmten Gesamtvorgehensweisen.

Tabus
Märkte, Themen, Ideen, die gemieden werden, die gar nicht genannt werden dürfen.

Unternehmensphilosophie
Grundauffassung über Mensch und Arbeit, Wirtschaft und Gesellschaft, Kapital, KundInnen und LieferantInnen, die für das Unternehmen allgemein verbindlich sein sollen.

Weiteres Vorgehen:
s. Leitfaden für die Verarbeitung von Informationen aus den Situationsklärungen S. 40

Quellen:
Glasl: Die magische Erfolgsformel „Unternehmenskultur" TRIGON Entwicklungsberatung, Graz
Arbeitsunterlagen TRIGON Entwicklungsberatung, Graz
Dynamische Unternehmensentwicklung 1993

Eine Projektskizze als Beispiel
Organisationskultur als Führungsaufgabe und Gegenstand der Schulentwicklung

Aus den intensiven Diskussionen in der Folge einer Auswertung von Kursen über Projektunterricht ist immer klarer geworden, daß die

Einführung von erweiterten Lehr- und Lernformen (Projektunterricht, Werkstattunterricht oder Formen des selbständigen Lernens im Wochenplan) nur z.T. von der Bereitschaft des einzelnen Lehrers, der einzelnen Lehrerin abhängig ist. Einen entscheidenden Einfluß übt die *Organisationskultur* der jeweiligen Schule aus, die darüber entscheidet, ob beispielsweise der Projektunterricht in ein Schulhaus paßt oder nicht. Sind entsprechende Werte und Ziele in der Kultur nicht vorhanden, ist es dem einzelnen Lehrer, der einzelnen Lehrerin mittel- bis langfristig unmöglich, eine solche Unterrichtsform zu praktizieren – oder er/sie wird infolge fehlender Unterstützung darauf verzichten. Früher oder später werden ansonsten Konflikte auftauchen – sei es von Schüler-, Kollegenseite oder seitens der Schulleitung.

Antworten aus einer Befragung ehemaliger KursteilnehmerInnen auf die Frage „Welche Reaktionen lösten diese Unterrichtsformen aus? Bei den Schulleitern, bei Kolleginnen und Kollegen?"

- Sie zeigen Interesse, doch bei mir geht das nicht !
- Viele positive Reaktionen, aber zum Teil auch Ablehnung, Neid.
- Habe meine Kollegen nicht informiert.
- Ich erhielt Unterstützung, bemerkte vereinzelt auch Kopfschütteln.
- Keine Besonderheiten ! Dies ist sowieso die BMS (Berufsmittelschule).
- Ich erhielt gemischte Raktionen, z.T. vermute ich auch Neid.
- Ich erhielt keine Akzeptanz von Kollegen, wenn die Schüler sich plötzlich bewegten.
- Ich erlebte wohlwollende Toleranz, da die Ordnung im Schulhaus kaum gestört wurde.
- Positive Reaktionen von Schulleitung und Kollegen.
- Bei uns herrscht ein gutes Arbeitsklima – auch andere Kollegen führen Projekte durch.
- Ablehnung, da nicht alle Klassen immer berücksichtigt werden konnten.
- Kollegen reagierten z.T. mit Neid.
- Positive Reaktionen der Schulleitung; „laisser faire".
- Viele positive Äußerungen, aber...

Viele dieser Äußerungen beziehen sich auf das Schulklima; Merkmale, die LehrerInnen in dieser Richtung unterstützen oder ihnen „das Leben schwer machen".

Noch weiter gefaßt wird das Klima, das in einer Schule herrscht, durch die *Kultur* bestimmt.

In neueren Management-Auffassungen taucht der Begriff der Organisationskultur immer häufiger auf. Das Wahrnehmen, die Pflege und die Beeinflußung der Schulkultur wird eine immer wichtiger werdende Führungsaufgabe. Personalentwicklung bedeutet im schulischen Kontext Fort- und Weiterbildung der Lehrer und Lehrerinnen, des Kaders. Diese Bemühungen greifen aber nur, wenn sie auch in der Kultur als (vorgesehene und erstrebenswerte) Werte verankert sind. Stimmen diese Werte nicht überein, werden diesbezügliche Anstrengungen zu Alibi-Übungen und werden den Alltagsunterricht nicht im geringsten tangieren.

Schulentwicklung als zentrale Aufgabe der Schulleitung wird bewußt und unbewußt durch die Organisationskultur gesteuert. Ist beispielsweise die „lernende Organisation" ein zentraler Wert in der Organisationskultur, werden sich Lehrer und Lehrerinnen intensiver um ihre Weiterentwicklung in persönlicher und schulischer Hinsicht kümmern als in einer Schule, deren Kultur diese Wertvorstellung nicht enthält.

Führung, Fort- und Weiterbildung, Entwicklung der Organisationskultur und Schulentwicklung gehören zusammen.

Eine Möglichkeit, die Führungsaufgabe im Bereich der Organisationskultur wahrzunehmen besteht darin, in periodischen Abständen (z.B. alle zwei Jahre) eine Erhebung durchzuführen. Im Anschluß an die Erhebung wird eine Projektgruppe eingesetzt, die die Ergebnisse analysiert und mit dem Kollegium entsprechende Massnahmen (Projekte) entwickelt.

Mögliches Vorgehen

1. Einführungsveranstaltung zum Thema Organisations- bzw. Schulkultur (ev. Befragung von Schülern)
2. Befragung der Lehrer (Fragebogen, s. Beispiele 4.1/4.2)
3. Auswertung der Fragebögen
   Bilden einer Projektgruppe (Schulleitung ist darin vertreten) Interpretieren der Ergebnisse
4. Vorstellen der Ergebnisse in einer Lehrerkonferenz
   Diskussion von Maßnahmen, die die Projektgruppe weiterverfolgt
5. Zwei Jahre später Wiederholung der Befragung.

II

Herr Zwerg träumt. Rundherum ist es dunkel. Er tastet sich vorsichtig einer Wand entlang, die sich kalt anfühlt und glitschig ist. Er horcht in die Dunkelheit hinein – hört einzelne Tropfen irgendwo aufklatschen. Er ruft zaghaft in die Dunkelheit hinein – nach einem Führer, nach einem Aufseher. Doch niemand antwortet ihm. Er tastet sich weiter und gleitet aus – meint er – und rutscht eine Röhre hinunter. Zuerst langsam und dann immer schneller. Ihm wird angst und bange. Er sucht nach Halt. Doch die Wand der Röhre ist glatt – nirgends ist auch nur die kleinste Unebenheit zu spüren. Er zuckt zusammen als er merkt, daß er in der Röhre ganz Zwerg geworden ist.

Plötzlich wird die Fahrt abrupt gebremst – er landet auf einem Holzboden im Halbdunkel.

Zwerg versucht sich zu orientieren, kriecht vorsichtig auf allen Vieren herum und entdeckt Kisten, die mit verstaubten Tüchern bedeckt sind, Tablare mit Büchern, Spinnennetze, Kästen, Truhen. Er ist auf dem Estrich seiner Kindheit gelandet. Der Zwerg ist wie erstarrt, kann sich kaum bewegen, hat Angst. Er sieht sein Feuerwehrauto, sein Lieblingsspielzeug, mit dem er stundenlang versunken spielte, Militärlastwagen, Kanonen. Er hat Angst, entdeckt zu werden. Damals – vor fast 40 Jahren – war es ihm verboten, auf dem Dachboden zu spielen. Die Türe zum Dachboden geht auf und im Türrahmen erscheint seine Mutter. Schweißgebadet wacht er auf.

Noch ganz benommen schaut er auf den Wecker – noch eine Stunde ausharren – dann das erlösende Rasseln des Weckers.

Fortsetzung S. 95

4.2 Kommunikation und Zusammenarbeit in der Schule

Welche Aussagen treffen für mich zu ?

Überprüfen sie jede Aussage danach, ob sie für sie als LehrerIn zutrifft.
Setzen sie in die entsprechende Kolonne ein Kreuz:
1: trifft hie und da zu,
2: trifft für sie zu,
lassen sie die Kolonne leer, wenn die Aussage für sie nicht zutrifft.

1   2

1. Das unmittelbare Ziel des Unterrichts besteht darin, Lernstoff, Bücher durchzuarbeiten, den Lehrplan zu erfüllen.

2. Die Leistungen der SchülerInnen stehen im Vordergrund. Was zählt ist, wie gut und wie viel gearbeitet wird.

3. Im Unterricht strebe ich eine Atmosphäre des Wohlbehagens an. Wir möchten in positiver und freundschaftlicher Nähe partnerschaftlich arbeiten.

4. LehrerIn ist ein Beruf mit hervorragenden Rahmenbedingungen, die Arbeit in der Klasse ist zweitrangig. Wichtig ist, die Disziplin aufrechtzuerhalten.

5. LehrerInnen schätzen gewisse Vorteile an der Schule: lange Ferien, gesellschaftlicher Status, keine oder wenig Kontrolle der Arbeit.

6. Was SchülerInnen in der Schule, im Unterricht lernen, bleibt ihnen selbst überlassen.

7. Das Interesse am Mitmenschen und das Interesse am Inhalt der Arbeit gehören für mich zusammen. Sie bilden eine Ganzheit, was immer ich als LehrerIn tue, sollte von diesen beiden Interessen geleitet sein.

8. Ich bin stets bestrebt, den goldenen Mittelweg zu finden.

9. Der gegenwärtige Zustand ist entscheidend. Ich bin nicht bereit, einschneidende Veränderungen vorzunehmen.

10. Der Prozess, gemeinsam mit SchülerInnen / mit KollegInnen Ziele zu bestimmen, ermöglicht Motivation und Engagement und dadurch gute Leistungen.

1 2

27. Das Niveau muss dem Lehrplan entsprechen und braucht nicht verändert zu werden.

28. Ich werde immer einen Finger in den Wind halten, um zu erfahren, woher der Wind weht.

29. Allzu originelle Vorstellungen über Schule oder allzu originelle Schüler-Entgegnungen müssen sofort berichtigt und dem angepasst werden, was gilt.

30. Zuwenig tun oder zuviel tun - beides ist falsch. Ich strebe ein Gleichgewicht an.

31. Fach- und Stundenpläne sollten ein Produkt der Zusammenarbeit im Lehrerkollegium sein.

32. LehrerInnen nehmen gegenüber Veränderungen oft die Haltung ein, dass ja doch alles nichts nützt.

33. Wenn ich als LehrerIn beliebt bin, hüte ich mich, neue Ideen zu verwirklichen.

34. Eine Note teilt den ganzen Wert der Leistung mit.

35. Die Arbeitsmoral ist verknüpft mit Autorität und Disziplin.

36. Der Grund für die Zufriedenheit besteht in der Möglichkeit des einzelnen, an seinem Arbeitsplatz etwas beizutragen. Es bestehen viele Möglichkeiten zur Zusammenarbeit.

37. Die meisten Pläne können über Jahre benutzt werden. Stundenpläne sollen möglichst beibehalten werden.

38. Die offene Kritik bietet Sicherheit dafür, dass ich versuche, Nutzen aus Erfahrungen zu ziehen, und dass keine Ordnung innerhalb der Schule Gegenstand von Tabu-Vorstellungen wird.

39. Eine wichtige Aufgabe des Lehrers, der Lehrerin besteht darin, die SchülerInnen in Schach zu halten. Abweichungen werden bestraft.

40. Unzufriedenheit und Zufriedenheit sollen massvoll gehalten werden.

41. Gegenüber SchülerInnen-Vorschlägen wird der Lehrer/die Lehrerin nicht abweisend sein, doch wird er/sie versuchen, diese vergessen zu lassen.

1 2

42. Als LehrerIn strebe ich meinen SchülerInnen gegenüber eine kameradschaftliche Haltung an.

43. Im Zentrum steht die Leistungsmotivation verbunden mit dem Willen, besser als die anderen zu sein.

44. Die Offenheit zwischen LehrerIn und SchülerInnen bringt Zufriedenheit und Leistungsbereitschaft.

45. Ich motiviere die SchülerInnen durch äussere Anreize. Unterstützt wird diese Motivation durch meine Überzeugungs- und Überredungskunst.

46. Ich bin offen für neue Arbeitsmethoden, sofern sie produktiver sind.

47. Alle Vorschläge zu Experimenten oder Neuerungen überprüfe ich vorher auf ihre Praktikabilität.

48. Es wird alles unternommen, um selbst nichts unternehmen zu müssen.

49. In Lehrerkonferenzen sollen alle zu Wort kommen und rücksichtsvoll behandelt werden. Im Vordergrund stehen nicht die Ergebnisse, sondern Gespräch und Übereinstimmung.

50. Die problemlösende Einstellung zum Lernen ist die gleiche, die man auch auf die Organisation der Schule anzuwenden sucht.

51. Die LehrerInnen arbeiten im allgemeinen wenig zusammen. Es dominiert die Höflichkeit. Sie unterhalten sich, ohne einander zu nahe zu treten.

52. Angst wird offen zugegeben. Man versucht, gemeinsam die Ursachen zu finden und gleichzeitig mit neuen Verhaltensweisen und neuen Einstellungen zu experimentieren und ist bereit, Risiken auf sich zu nehmen.

53. Vielleicht ist es das beste so weiterzufahren, wie wir es immer gemacht haben.

54. Es kommt zu keinen offenen Konfrontationen. Gespräche dienen dem Klima und als Mittel, um Mitgefühl zu wecken und Ärger loszuwerden und nicht effektiven Problemlösungen.

55. Zusammenarbeit in Gruppen wird von LehrerInnen häufig als Bedrohung erlebt.

56. Konferenzen werden nur in verordnetem Umfang durchgeführt.

57. Gruppenarbeit wird oft als Rhythmisierung des Unterrichts eingesetzt.

58. Gruppen dienen mehreren Funktionen:
 - in aufgabenorientierter Hinsicht: verfügen über mehr Wissen und sind kreativer in der Suche nach Lösungen,
 - auf der gefühlsmässigen Ebene; SchülerInnen, LehrerInnen können sich gegenseitig stützen, der einzelne kann mehr wagen.

59. Konferenzen sind vielfach spannungsgeladen. Es herrscht Uneinigkeit. In solchen Situationen setzt sich der Leiter hart und bestimmt durch.

60. Für mich ist es wichtig, mit meinen direkten Vorgesetzten auf gutem Fuss zu stehen.

61. Elternkontakte, Kontakte mit LehrmeisterInnen sind nicht notwendig, ausser wenn Absenzen und Zeugnisse solche erfordern.

62. Jene, die sich angepasst haben, streben ständig danach, ein gutes Verhältnis zu anderen aufrechtzuerhalten. Uneinigkeiten und Meinungsverschiedenheiten werden deshalb als Bedrohung der Beziehungen betrachtet.

63. Konfliktlösungen beinhalten entweder die Durchsetzung meiner Anliegen oder anderer. Es gibt immer Gewinner und Verlierer.

64. Konflikte und Meinungsverschiedenheiten werden akzeptiert. Es gibt oft mehr Konflikte, wenn nicht alle Tätigkeiten vorprogrammiert sind.

65. Gruppenarbeiten im Unterricht werden dann bevorzugt, wenn es um die Vorbereitung von Festen, Feiern oder sonstigen Anlässen geht.

66. Offene Konfrontationen und Problemlösungen herrschen vor. Soweit wie möglich werden auftretende Konflikte geklärt, wenn sie entstehen und zwar zwischen den Parteien, die daran beteiligt sind.

67. Im Kontakt mit den Eltern dominieren Einzelkontakte. Elternabende werden für Informationen genutzt.

68. Das Verhältnis zu Eltern ist meist distanziert; sie sollen sich nicht in die Schule einmischen. Im Zentrum stehen die Leistungen der SchülerInnen.

69. Konflikte werden gedämpft, ausgebügelt und verharmlost. Konfliktstoffe werden so gemildert, dass möglichst schnell wieder eine Harmonie erreicht wird.

70. Konflikten und Konfrontationen weiche ich aus. Sie bedeuten nur Mehrarbeit.

Auswertung

1.1		1.9		9.1		9.9		5.5	
Item	Punkte	Item	Punkte	Item	Punkte	Item	Punkte	Item	Punkte
				1					
				2					
		3							
4									
5									
6						7		8	
11		12				10		9	
		13		14					
				15					
				16					
		17							
19		18							
20		21							
		22							
23						24			
						25			
						26		27	
								28	
								29	
32						31		30	
		33		34					
				35		36		37	
				39		38			
								40	
41		42		43		44		45	
				46				47	
48		49				50			
51						52		53	
		54		55					
56								57	
61		60		59		58			
		62		63		64		65	
						66		67	
70		69		68					
Total									
	1.1		1.9		9.1		9.9		5.5

Organisationskultur der Schule

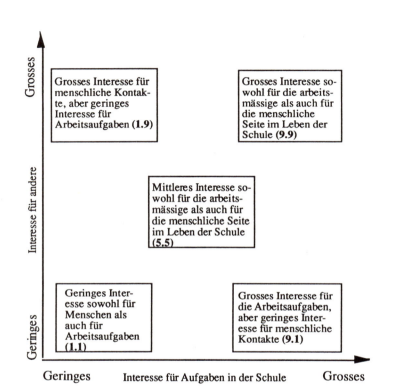

Führungsstile	wirksam	unwirksam
1.1 Geringes Interesse sowohl für Menschen als auch für Arbeitsaufgaben		Der Lehrer, die Lehrerin kümmert sich um nichts, bleibt passiv, interessiert sich kaum für die Arbeit und auch nicht für die Person des Schülers, der Schülerin.
1.9 Starke bis ausschließliche Personenorientierung	LehrerInnen haben Vertrauen in ihre SchülerInnen und kümmern sich vor allem darum, daß ihre Fähigkeiten weiterentwickelt werden.	LehrerInnen wollen vor allem Harmonie erreichen. Sie möchten alles in allem nette KollegInnen sein. Sie riskieren keine Konflikte, auch wenn es die Arbeit erfordert.
9.1 Starke bis ausschließliche Aufgabenorientierung	LehrerInnen wissen, was sie wollen und setzen ihre Methoden durch. Sie sind streng und verlangen von ihren SchülerInnen große Leistungen.	LehrerInnen haben kein Vertrauen in die anderen. Sie sind unfreundlich und interessieren sich nur für kurzfristige Arbeitsergebnisse.
9.9 Hohe Aufgabenorientierung und Personenorientierung	LehrerInnen setzen in der Zusammenarbeit mit den SchülerInnen hohe Anforderungen durch. Sie helfen ihnen, daß sie die entsprechenden Fähigkeiten entwickeln können.	LehrerInnen fordern die SchülerInnen in der Arbeit und auch auf der persönlichen Ebene. Sie helfen ihnen aber nicht, lassen keine Entwicklung zu, sie überfordern sie.
5.5 Mittleres Interesse sowohl für Arbeitsaufgaben als auch für menschliche Kontakte	LehrerInnen verlangen von den SchülerInnen, was ihnen als LehrerInnen vorgeschrieben wird.	LehrerInnen wollen es allen recht machen, darum zögern und lavieren sie. Die SchülerInnen wissen dadurch nicht, wo sie stehen.

Quelle: adaptiert nach Ebeltoft 1974

5. Zukunftswerkstatt

Phasen:
Vorbereitung
- Kritik
- Phantasiephase
- Verwirklichungsphase
Nachbereitungsphase

5.1 Vorbereitungsphase: Kennenlernen

Gemeinsames Einrichten des Raumes: Stühle in einem Halbreis vor den Stellwänden aufstellen, plaudern über den offiziellen Beginn hinaus, den Raum in Besitz nehmen.
 Als Vorbereitung ist es wichtig, eine möglichst offene Situation zu gestalten, um Möglichkeiten zur Selbstorganisation zu schaffen.
 Einführen in die Phasen und dabei den Spaß nicht vergessen: Spinnen, Träumen, Flippen...

Zeitplanung (Beispiele):
- Tageswerkstatt:
  Für jede Phase 2 Stunden
- Kurzes Wochenende:
  Samstagvormittag bis in den Nachmittag hinein: Kritikphase – Abend bis Nacht: Phantasiephase.- Sonntagvormittag: Verwirklichung
- ganzes Wochenende:
  Fr: Kritik
  Sa: Phantasie
  So: Verwirklichung

- Die Zukunftswerkstatt bietet auch Möglichkeiten zur Themenfindung
Problemsammlung in Dreiergruppen – Abstimmung im Plenum anschließend findet eine Einstunden-Werkstatt statt

Moderation
anregen, anstoßen

5.2 Kritikphase

Diese Phase wird mit folgenden *Leitfragen* eingeleitet:
- Was stört Sie?
- Was mißfällt Ihnen?
- Was haben Sie zu kritisieren?
- Was erleben Sie disfunktional?

Hinweis für Moderation:
keine Monologe zulassen (Beiträge auf 30 Sek. beschränken), Kritikbeiträge auf Zettel
oder direkt auf Plakate schreiben !
Verzicht auf Diskussionen (analog zum Brainstorming) – es besteht anschließend Gelegenheit dazu.

Kritikverarbeitung
- Kritikauswahl durch Punktevergabe
Stichworte erläutern
3-7 Punkte für jeden Teilnehmer (alle auf einen setzen oder streuen) offen oder verdeckt (achten auf gruppendynamische Einflüsse) ordnen nach Häufigkeit – Oberbegriffe bilden zur besseren Übersicht
- Phasenergebnis: Kritik-Themenkreise
- Phasenergebnis: Kritik-Aussagen In Kleingruppen (3-5 Mitgl.): Aufgabe: aus den Stichworten der Themenkreise Aussagen, Thesen bilden

Hinweise für Moderation:
alles Gesagte visualisieren

5.3 Phantasiephase

Phantasie entfalten, das herausholen, was schlummert – ohne Rücksicht auf Vorschriften, Gesetze, Gutachten oder andere Zwänge. Probleme in andere Zusammenhänge stellen.

Erschaffen von Zukünften, in denen wir gerne leben würden:
- das sonst Undenkbare denken
- experimentierfreudig
- neugierig
- dem Irrationalen, Verrückten gegenüber aufgeschlossen sein
- Fehler riskieren
- Besserwissen, Perfektionismus verabscheuen
- unsere „wilden"Vorstellungen vertreten
- möglichst allem unvoreingenommen gegenübertreten

In freier Assoziation Wunschwelten erfinden – auf die spontanen Einfälle hören, verfremden

Lockerungsübungen (Phantasiephase vorbereiten)
miteinander spielen ohne Konkurrenz, gemeinsame Ideen entwickeln, „Gruppenimagination"

Gruppenvorschläge:
- Geschichten erfinden
- verkleiden, Masken
- Lieblingsbeschäftigungen mimen
- Phantasiespiel: z.B. Verwendungsmöglichkeiten für 1 Blatt Papier

Das Kritik-Ergebnis in positiver Form formuliert bildet die Phantasiegrundlage

Brainstorming – Ideensammlung (Auswahl durch Punktevergabe)

Spielregeln dieser Phase:
- Jede, auch „absurde" Idee, ist erwünscht
- Idee muß nicht realisierbar sein
- Quantität geht vor Qualität
- Jede Idee darf von andern abgewandelt werden
- Es gibt keinen Besitzanspruch für eine Idee

- Kritik an Ideen ist nicht zuläßig
- Logik und Vernunft kommen später

Zur Moderations-Rolle in dieser Phase:
- energisch gegen „das geht doch nicht – das ist verrückt" vorgehen
- immer wieder motivieren, neue Fragen stellen, neue Anläufe wagen
- unermüdlich zuhören, anregen

5.4 Verwirklichungsphase

Diese Phase beginnt mit der Vorstellung der Phanatasie-Ergebnisse. Sie besteht aus vier Schritten:
1. Die utopischen Entwürfe, Vorschläge, Erfindungen werden geprüft hinsichtlich ihrer Realisierbarkeit unter den gegenwärtigen oder noch zu schaffenden Bedingungen
   - inwieweit lassen sie sich schon jetzt in Angriff nehmen?
   - gibt es bereits Ansätze in diese Richtung?
   - welche Beharrungskräfte müssen überwunden werden?
2. Strategie
   - Woran muß unbedingt festgehalten werden?
   - Wie vorgehen, taktieren?
   - Welche ökonomischen, politischen Voraussetzungen wären nötig?
   - Bündnispartner?
   - Offenes oder verdecktes Vorgehen?
3. Schritt zur Aktion
   - Worauf ist zu achten?
   - Finanzierung?
   - Wer engagiert sich in welchem Umfang?
   - Wie wird Öffentlichkeit hergestellt?
   - Welche Widerstände, Repressalien sind zu befürchten? Wie soll ihnen begegnet werden? Mögliche Absicherung?
4. Überprüfen
   - Durch Experten, Politiker
   - Fachliteratur

Zur Moderations-Rolle in dieser Phase:
Den Zeitproblemen begegnen, daß Verwirklichungsphase nicht zu kurz
kommt, bedingt durch Abschweifung, Verzettelung.

5.5 Nachbereitungsphase

Protokoll der Werkstatt ausarbeiten und entscheiden: ein Projekt verwirklichen !

Quelle: Jungk/Müllert 1982

6. Das gute Sehen – wahrnehmen, was ist!

Diese Situationsdiagnose kann sich auf Organisationen, Teams, Projektgruppen, Lerngruppen usw. beziehen.
    Häufig werden zu Beginn von Kursen, Beratungen, Problemsammlungen erhoben. So entsteht die Gefahr, daß stereotypisierte Probleme (über die häufig gesprochen wird) aufgewärmt und eingesammelt werden. Probleme, mit denen wir leben und die häufig an keiner Lösung interessiert sind. Vielmehr verhindern sie, tiefer an problemkonstellierende Schichten heranzukommen. Um dieser Dynamik entgegenzuwirken, hilft das folgende Vorgehen.

Situationsaufnahme:
1. Welche Ziele hat unsere Organisation?
2. Welches sind die Stärken unserer Organisation?
3. Welche Schlüsselfaktoren sind für unseren Erfolg verantwortlich?
4. Haupthindernisse eines größeren Erfolges:
   – Was müßte geschehen, damit wir den Durchbruch erreichen?
   – Wo sind unsere Blockaden? Probleme?
   – Wo sind unsere Abhängigkeiten?
   – Wie stark ist unsere Lebenskraft?
5. Welche Alternativen sehe ich für neue Wege?
6. Welche Zielgruppen und „Schlüsselkunden" hat unsere Organisation?
7. Welche Bedürfnisse haben unsere Kunden?

Problem – Bearbeitung 1. Schritt:
1. Formuliere die *3 wichtigsten* Probleme der Organisation auf eine Karte!

2. Übertrage diese Probleme auf einen Flip-chart (gleiche Probleme nur einmal aufführen). Nummeriert anschließend die Probleme durch!
3. Jedes Gruppenmitglied schreibt die Nummer des *wichtigsten Problems* auf einen Zettel.
5. Erstellen einer Häufigkeitsliste!
Je breiter die Problemverteilung ist, desto eher besteht der Hinweis, daß ein ganzer Problemkomplex vorhanden ist.

Problem – Bearbeitung 2. Schritt:
Folgt in der Problembearbeitung der vorher erstellten Prioriätenliste!
Versucht Antworten auf folgende Fragen zu finden:
– Was lernen wir aus diesen Problemen?
– Was ist der Nutzen dieser Probleme?
– Wovor will mich dieses Problem bewahren?
– Welche Veränderungsnotwendigkeiten haben wir nicht wahrgenommen?
– Warum ist dieses Problem mein bester Freund?

*Sammelt vorerst nur Ideen,
bewertet sie dann,
und diskutiert.*

Problem – Bearbeitung 3. Schritt:
Versucht die Probleme umzudrehen und daraus Wünsche zu formulieren!
Dieser Weg führt oft aus der Sackgasse.

Mein, unser größtes Problem ist:
Mein – unser größter Wunsch ist:

Schafft anschliessend Ordnung in Euren Wünschen, entscheidet, was Realität und was Wunschbild ist:

Quelle: Mann 1990, S. 68ff.

III

Eine neue Sekretärin, 28jährig, hübsch, gut gewachsen, eher schüchtern, beginnt heute ihre Arbeit. Herr Zwerg ist in guter Stimmung, im neuen Anzug fühlt er sich selbst wie neu geboren. Heute ist er schon eine Stunde früher gekommen. Ein bißchen nervös schon in Anbetracht dessen, was auf ihn zukommen wird.

Zurück aus der Toilette, wo er zum letzten Mal sein Outfit überprüft hat.

Sandra Morgan, die neue Mitarbeiterin kommt in die Abteilung und wird durch Herrn Zwerg, der ganz schön stattlich daherkommt, herzlich begrüßt. In Anbetracht der jungen Frau, die noch ganz weiche, kindliche Züge über die Zwanzig hinübergerettet hat, fühlt Herr Zwerg starke väterliche Gefühle in sich aufsteigen. Hat er doch selbst einen Sohn in diesem Alter. Er führt Sandra Morgan persönlich ein und hat sich dafür vorerst einmal einen halben Tag reserviert. Frau Morgan hat eine gute Ausbildung hinter sich und, wie Herr Zwerg lobend bemerkt, eine sehr schnelle Auffassungsgabe.

Durch die Hektik der Einführung passieren schon mal auch unvorhergesehene Körperkontakte. Weil Herr Zwerg die Akzeptanz spürt, die Frau Morgan ihm als Vorgesetzten entgegenbringt, schwinden allmählich die väterlichen Gefühle und es tauchen jüngere auf, fast fließend. Herr Zwerg spürt ein stärker werdendes Begehren. Und nach den üblichen, stereotypen Annäherungsversuchen schüttelt Sandra Morgan den stattlichen Herrn Zwerg ab mit der Begründung „Pflicht, Arbeit, Aufgaben....". Und das schon am ersten Arbeitstag. Eine bemerkenswerte Leistung.

Der aufgeblasene Herr Zwerg lässt seinen Überdruck ab – Strategien sind längst eingeübt – kehrt zum inneren Zwerg zurück und klemmt sich wieder hinter die Arbeit.

Fortsetzung S. 99

7. Kräftefeldanalyse

Wo sehe ich fördernde und hemmende Kräfte, die bei einem Versuch, die Situation zu verändern, wirksam sind?

| | Problemlösung ||
	Fördernde Kräfte	Hemmende Kräfte
in mir		
bei den anderen, in der Gruppe		
in der Organisation, Abteilung		

Weiteres Vorgehen:
s. Leitfaden für die Verarbeitung von Informationen aus den Situationsklärungen S. 40

Quelle: Freudenreich 1979, S. 142

8. Überprüfung unserer Arbeitsweise

Arbeitsgruppen, Kommissions-, Projektgruppen- und Teamsitzungen drohen in ihrer Arbeitsweise immer wieder zu erstarren. Eine Gegenmittel besteht darin, die Sitzungen, die Arbeitsweise, die Gestaltung dieser Zusammenkünfte regelmäßig zu reflektieren. Als Anleitung zu dieser Reflexion können folgende Fragen dienen:
- Was läuft gut? Was läuft nicht so befriedigend? Wo harzt es?
- Stimmt die Organisation, die Gestaltung unserer Treffen noch?
- Befassen wir uns mit dem wirklich Wichtigen?
- Wie beurteilen wir die Art und Weise unserer Verständigung in der Diskussion?
- Sind wir offen genug miteinander – oder wird in unserer Runde hauptsächlich taktiert?
- Gibt es Spielregeln für unsere Zusammenarbeit? Halten sich alle an die vereinbarten Spielregeln?
- Wie wird das Arbeitsklima empfunden? Freuen wir uns in der Regel auf unsere gemeinsamen Sitzungen – oder ist jeder froh, wenn er sie hinter sich hat?
- Kann in unseren Sitzungen auch einmal gelacht werden – oder herrscht tierischer Ernst und angespannte Hektik?
- Wie werden die Sitzungen geleitet – was ist hilfreich, was müßte anders gemacht werden?
- Sind wir zufrieden mit der Art und Weise der Meinungsbildung und Entscheidungsfindung?
- Wenn wir die Ergebnisse insgesamt betrachten: Ist unsere gemeinsam verbrachte Zeit gut genutzt?
Wenn nein: Woran liegt es? Wer kann etwas dazu beitragen, daß es besser wird?

Weiteres Vorgehen:
s. Leitfaden für die Verarbeitung von Informationen aus den Situationsklärungen S. 40

IV

In der Freizeit liebt Fritz Zwerg Joggen und Fernsehen. Joggen hält fit, ist modern und hilft die freie Zeit zu strukturieren. Wer von morgens 8.00 bis abends 17.00 (und meistens länger) gearbeitet hat, eingespannt und eingegliedert ist, hat ein Anrecht auf Entspannung. Schlaue Köpfe haben herausgefunden, daß auch die Freizeit zweigeteilt werden kann. Leistung und Konsum. Geleistet wird beim Jogging. Herr Zwerg identifiziert sich voll und ganz mit der Firma, der Großbank, und hat sich fit zu halten für die Arbeit. Und dies geschieht selbstverständlich in der Freizeit, quasi eine Dienstleistung für den Betrieb. In andern Kulturen ist dies Bestandteil der Arbeit – ob dies sinniger ist, bleibe dahingestellt.

Also ist nach normalen Arbeitstagen noch nicht Feierabend. Umziehen. Modisch gekleidet aufs Velo oder mit dem Auto an den Waldrand gefahren, wird 1-2 Std. gestreßt, um nicht zu verlernen und für das hohe Alter vorzusorgen. Anschließend gegessen, was die wartende, wenn noch nicht eingeschnappte Frau, warmgehalten hat. Gesprochen wird kurz über den Tag. Bereits sind sie in Verzug, denn die Hauptsendezeit des Fernsehens ist schon angebrochen. Auch dieser Parcour muß absolviert werden, um morgen mitreden zu können. Zu spät ist es wieder geworden, um morgen mit frischer Kraft die Rolle im selbsteingebrockten Stück spielen zu können.

Fortsetzung S. 107

9. Beziehungslandkarte

Ziele

Die TeilnehmerInnen stellen ihre Sicht der gegenseitigen Beziehungen im System (Team, Gruppe, Abteilung) dar. Das Erstellen der Beziehungslandkarte durch die Betroffenen ist als Lernprozeß zu verstehen:

Eingefahrene, subjektive Wahrnehmungen werden relativiert, die Erweiterung der persönlichen Sicht durch die Sichtweise der anderen setzt Veränderungsprozesse in Gang und die offene Bearbeitung von problemhaften Beziehungen wird möglich.

Materialien:
1 Arbeitsblatt pro Teilnehmer, Stift

Ablauf:
Bitten sie die TeilnehmerInnen, sich eine bestimmte Zeit auf die Erfahrungen im Umgang mit jedem einzelnen Gruppenmitglied und anderen Personen, die sie in die Übung miteinbeziehen, zu besinnen. Erklären sie, welche Arten von Beziehungen wir unterscheiden, und mit welcher Symbolik sie auf dem Arbeitsblatt dargestellt werden.

Instruktion:
- Tragen Sie gemeinsam die Namen ein!
- Stellen Sie jedoch für sich die Beziehungen der Personen anhand der aufgeführten Symbole dar!
- Erstellen Sie eine gemeinsame Beziehungslandkarte und diskutieren Sie das Ergebnis!

Quelle: Management Center Vorarlberg 1992, S. 143f.

Meine Arbeitsgruppe, unsere Abteilung, unsere Organisation:

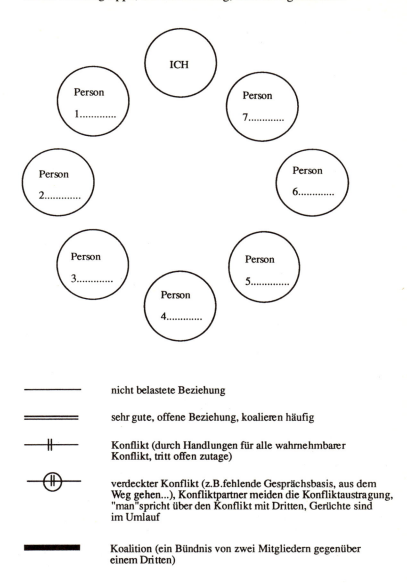

———————	nicht belastete Beziehung
═══════	sehr gute, offene Beziehung, koalieren häufig
——╫——	Konflikt (durch Handlungen für alle wahrnehmbarer Konflikt, tritt offen zutage)
——⊕——	verdeckter Konflikt (z.B. fehlende Gesprächsbasis, aus dem Weg gehen...), Konfliktpartner meiden die Konfliktaustragung, "man" spricht über den Konflikt mit Dritten, Gerüchte sind im Umlauf
▬▬▬▬▬	Koalition (ein Bündnis von zwei Mitgliedern gegenüber einem Dritten)

10. Vision

„Die Vision ist das Fenster aus dem Gefängnis des Bestehenden. Sie ist der Gegenpol zur zirkulären Bestätigung der Beharrungskräfte, dadurch erzeugt sie das Spannungsfeld, von dem das System lebt und Energie bezieht. Sie ist ein attraktives Bild der Zukunft, an dem all jene, die an ihr teilhaben, ihre Alltagshandlungen unwillkürlich orientieren" (Forster 1992, S. 109).

Grundsätze für die Erarbeitung einer Vision
1. Die Vision wird von einem Team entwickelt.
2. Die Vision ist nicht nur eine intellektuelle Angelegenheit, sie beinhaltet auch Freude, Spaß, Stolz.
3. Die Vision ist positiv, konstruktiv, lebensbejahend.
4. Die Vision erscheint als Aussage – wir sind dort, wo wir hinwollen.
5. Die Vision bildet ein Spannungsfeld zwischen Himmel und Erde.
6. Die Vision setzt MitarbeiterInnen voraus, die mit beiden Beinen auf dem Boden stehen.
7. Die Vision ist visionär.

In der Gestaltung des Vorgehens sind diese Grundsätze zu berücksichtigen!

Hinweise zur Durchführung
1. Schritt (z.B. am Nachmittag des 1.Tages)
Als Vorbereitung ist eine Situationsdiagnose zu empfehlen – quasi als „Bodenbearbeitung". Auf diesem Boden soll die Vision wachsen. Sehr geeignet ist das Vorgehen, das in der Methode „Das gute Sehen – wahrnehmen was ist" beschrieben ist (s.S. 93).

2. Schritt (Abend des 1.Tages – open end)
Dieser schöpferische, kreative Teil der Visionsarbeit wird durch eine Meditation oder eine Phantasie-Reise eingeleitet.
Papier, Farben, Zeitschriften, Ton, Stoffe, Wolle usw. sollen zur Verfügung stehen, um kreativ an die Vision heranzugehen.
(Mehr über die Arbeit mit kreativen Medien s. Brühwiler 1994)

3. Schritt (2.Tag)
Erst zu diesem Zeitpunkt wird die Vision ausformuliert und gegliedert:

Kriterien zur Gliederung einer Vision
- Zweck der Organisation
- Produkte und Leistungen der Organisation
- Beziehung zu den Kunden
- Beziehung zu den MitarbeiterInnen
- Sicherung des Unternehmens, der Arbeitsplätze
- Beziehung zu Partnern von außen
- Verhältnis zur Umwelt – zur Natur

Weiterführende Literatur: Mann 1990

11. Unsere Organisation als Symbol

Wir leben in einer Welt von Symbolen und Zeichen. Symbole sind nie so präzise wie die abstrakten Wörter. Doch transportieren sie mehr komplexe Wirklichkeit. Arbeitssituationen in Organisationen, Abteilungen, Teams sind komplexe Wirklichkeiten, die über Sprache schwer zu erfassen sind. Auf diesem Hintergrund bilden Symbol-Darstellungen einen Zugang für Situationsklärungen. Sozusagen ein artgerechtes Medium. Die Komplexität wird durch die Beteiligten aufgeschlüsselt. Durch die Kommunikation über die Bedeutungen der Symbole wird eine abgesprochene Wirklichkeit geschaffen (s. Einführung S. 9ff.).

Zum Vorgehen:
Symbol für die Organisation als Ganzes
Symbol für Abteilungen
Symbole für Teams in den einzelnen Abteilungen

Die unterschiedlichen Symbolzuschreibungen innerhalb der gleichen Organisation, der gleichen Abteilung zeigen Zusammenhänge, Beziehungen auf, die nicht funktionierende Abläufe, Prozesse in der Organisation, in den Abteilungen erhellen können.

Weiteres Vorgehen:
s. Leitfaden für die Verarbeitung von Informationen aus den Situationsklärungen S. 40

12. Wandzeitung
Klären von Erwartungen und Befürchtungen

Ziel:
Erwartungen und Befürchtungen der Teilnehmer werden transparent gemacht und können dadurch in der Gruppe thematisiert und bearbeitet werden.

Ablauf:
Bereiten Sie im Raum mehrere Plakate vor. Vorschläge für Überschriften:

- Ich erwarte mir von der Gruppe, daß...
- Ich befürchte in dieser Gruppe, daß...
- Ich hoffe, wir werden hier ...
- Ich hoffe, ich kann hier ...
- Wenn ich an unsere Organisation, an unsere Abteilung denke, erwarte ich, daß...
- Wenn ich an unsere Organsiation, an unsere Abteilung denke, befürchte ich, daß...
- Wichtig wäre für mich, wenn...

Analoges Vorgehen für Ressourcen und Defizite, Visionen und Wünsche!

Weiteres Vorgehen:
s. Leitfaden für die Verarbeitung von Informationen aus den Situationsklärungen S. 40

13. Fünf Fragen

Vorgehen:
1. Notieren Sie – jeder für sich – die fünf wichtigsten Fragen, die Sie beschäftigen. Jede Frage auf eine separate Karte.
2. Bringen Sie die Karten in eine Prioritätenliste!
3. Jede Person gibt „verdeckt" die fünftwichtigste Karte ab, dann die viertwichtigste usw.

Übrig bleiben die wichtigsten Fragen, die sogenannten Intimfragen.

4. Von diesen letzteren wird eine Karte verdeckt gezogen und vorgelesen.
   Jede Person gibt darauf eine Antwort, als ob diese Frage von ihr selbst gestellt worden wäre.
5. Anschließend werden Veränderungsziele formuliert: Wir wollen weg von ... hin zu!
6. Und wie kommen wir dort hin? Eine Wegbeschreibung!

Hinweise für die Moderatorin, den Moderator:
– Achten auf Offenheit!
– Wer gibt wo keine Antwort?
– Wie offen ist das Gesprächsklima?
– Betroffenheit?

V

Herr Zwerg spricht über das, was ihm berichtet, erzählt wurde: in den Zeitungen, im Fernsehen, im Kino, im Theater, im Konzert. Je nach der Zusammensetzung der Leute.

Rekorde werden ausgetauscht, als ob sie von ihnen selber stammen würden. Sensationen. Kriege – nur nicht die eigenen. Und wenn die Schweiz, personifiziert in einer Mannschaft oder eines Schweizers, einer Schweizerin, einen Medallienrang erobert, fiebern alle mit. Sie spüren die eigene Temperatur.

In letzter Zeit ist Fritz Zwerg zunehmend beunruhigt über seinen Gesundheitszustand. Er hat immer häufiger Angst zu fallen. Umzufallen, mitten auf dem Fußgängerstreifen, durch die Streifen hindurch. Er könnte gar nichts dagegen tun und würde seinen Halt verlieren. Hie und da ertappt sich Fritz dabei, daß er immer Geländern entlang geht, sich in der Nähe von Pfosten aufhält, wenn er warten muß. Er fühlt sich dann ertappt und wird verlegen.

Die Suche nach Halt hat er nach außen verlegt. Sein Auto gibt ihm Halt. Dort fühlt er sich geborgen in seinem Fünfplätzer. Eine zusätzliche Hülle schützt seine innere Leere und motzt seinen inneren Zwerg ganz schön auf.

Fortsetzung S. 113

14. U-Prozedur

Glasl und Lemson entwickelten am NPI (Niederländisches Pädagogisches Institut) die U-Prozedur. Fritz Glasl und der Verlag Paul Haupt haben mir freundlicherweise die Erlaubnis gegeben, dieses bewährte Verfahren in den vorliegenden Band „Situationsanalysen" aufnehmen zu können. Herzlichen Dank.

Die U-Prozedur – ein Verfahren, eine Vorgehensweise, die in ihrem Ablauf streng einzuhalten ist. Die Prozedur – angeordnet als U – hat einen tieferen Sinn. Besteht dieser Buchstabe doch aus einem Abstrich, im Verfahren ist dies die absteigende Dimension: die *Analyse*. Der Aufstrich des Buchstabens, die aufsteigende Dimension: die *Gestaltung*. Der Verbindungsbogen bedeutet im Verfahren einerseits die Verbindung zwischen Analyse und Gestaltung und andererseits die *Entscheidung,* ob aus der Analyse heraus eine Neugestaltung erfolgen soll oder nicht.

14.1 Ausgangslage der U-Prozedur

Organisationen, soziale Situationen haben immer eine Geschichte, eine Entwicklung, die zum heutigen Zustand führte. Eine Situation, die heute analysiert und verändert werden soll, ist gestern gestaltet worden. Vieles an Wissen, Begründungen, situativen und persönlichen Einflüssen in der Gestaltung damals, ist im Laufe der Zeit vergessen worden. Der zentrale Schritt 3 versucht in Form von Mottos dynamische Elemente herauszufinden, die in der Vergangenheit wesentlich zur Ausgestaltung der Situation führten, wie wir sie heute antreffen.

Beispiele von Mottos:
- Bei uns sind alle gleich.
- Es wird dann schon gehen.
- Reden ist nicht richtig gearbeitet.
- Konflikte lösen wir letztlich im Gebet.
- Wir arbeiten so, als ob es uns morgen nicht mehr geben würde.
- Hand in Hand.
- Es darf niemand durch die Prüfung fallen.
  usw.

In der Regel sinken solche Überzeugungen, Imperative ins „Unbewußte" der Organisation, ihrer Angehörigen ab, sind aber trotzdem noch – oder vielleicht dadurch noch stärker – wirksam. Die U-Prozedur hilft, zu diesen Mottos vorzustoßen. Glasl und Lemson gehen davon aus, daß die Veränderung, die Neugestaltung einer Situation erst greift, gelingt, wenn die wirksamen Mottos erkannt und neugestaltet werden können (Schritt 5).

14.2 Übersicht – Arbeitsblatt

U-Prozedur

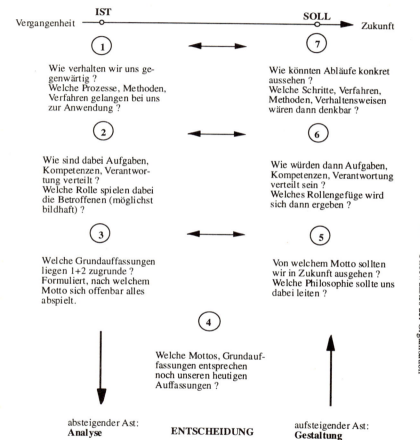

14.3 Kommentar zu den einzelnen Schritten

1. Schritt
Hier entscheidet sich bereits, ob die Prozedur gelingt: Situationen müssen so konkret wie möglich beschrieben werden:
Konflikt-, Entscheidungssituationen, Sitzungen, Aktivitäten, Abläufe ...,
eingesetzte Methoden und Instrumente.

2. Schritt
In diesem Schritt rücken die Beteiligten ins Zentrum.
Von allen Beteiligten werden Aufgaben, Kompetenzen, Verantwortung beschrieben. Und als 4.Aspekt der Funktion die Rollen der Beteiligten.
Die Rollen werden mit Vorteil bildhaft beschrieben, z.B. Herrscher, Diener, Clown, Pfarrer, Politiker, Diplomat usw.

3. Schritt
Gemeint sind hier die ausgesprochenen und unausgesprochenen Grundauffassungen. Einzelne Beteiligte können ihre eigenen, persönlichen Mottos haben, andere teilen vielleicht das gleiche Motto. Daneben können auch sog. „Meta-Mottos" auftauchen, die hinter mehreren Mottos stehen.
   Es ist darauf zu achten, daß Mottos kurz, prägnant formuliert sind und keine verschachtelten Sätze bilden.

4. Schritt
Dieser Schritt beinhaltet die Beurteilung und eine Entscheidung.
Beurteilung: Inwiefern entspricht dies alles noch unserer heutigen Auffassung?
Entscheidung: Wenn JA; Ausstieg aus der Prozedur.
              Wenn NEIN; weiter zu Schritt 5.

5. Schritt
Dies ist der erste Schritt in der Gestaltungsdimension, der dem Schritt 3 entspricht.
Von welchen Grundsätzen, Leitgedanken, Konzeptionen oder Zielen wollen wir in Zukunft ausgehen?
Wie heißt das neue bzw. die neuen Mottos?

Ein neues Motto lehnt sich in der Formulierung nicht an ein altes an, in dem es dieses relativiert, negiert oder als Gegenteil formuliert wird: Es ist eine sprachliche „Neuschöpfung".

6. Schritt
Die Entsprechung zum Schritt 2.
Wie sollen die betroffenen Personen, Gremien zusammenspielen?
Wie werden die Aspekte der Funktion der Beteiligten gestaltet: Aufgaben, Kompetenzen, Verantwortung, Rollen?

7. Schritt:
Die Entsprechung zum 1. Schritt.
Wie sehen die neugestaltete Situation, die veränderten Abläufe, Sitzungen usw. *konkret* aus?
Welche Mittel und Verfahren gelangen dabei zur Anwendung?

Empfehlung:
Es ist von Vorteil, wenn die Prozedur durch einen externen Berater, eine externe Beraterin moderiert wird !

Quellen: Glasl 1983, S.237f. Arbeitsunterlagen TRIGON Entwicklungsberatung, Graz

VI

Was seine Ehefrau den ganzen Tag über macht, seitdem die beiden Kinder selbständig sind, kümmert ihn wenig – außer dem Geld, das sie verbraucht, was immer wieder Anlaß zu Streitereien gibt. Sie streiten aber nicht wirklich. Diese Auseinandersetzungen dienen dazu, Distanz aufrechtzuerhalten. Denn in den 20 Jahren Kindererziehung haben sie sich an die Arbeitsteilung gewöhnt und sich durch die gegenseitige Entfremdung ermöglicht, zusammenzubleiben.

Auf dem Schreibtisch in Zwergs Büro steht ein Foto seiner Familie. Als Einrichtungsgegenstand. Das macht sich gut. Und wenn dieser Schmuck einmal nicht passen sollte, ist Platz in einer Schreibtischschublade vorgesehen.

Herr und Frau Zwerg-Vonach sind angesehene Bürger in ihrer Wohngemeinde. Sie unterscheiden sich wenig von den andern Angesehenen im Dorf, die auch ein mittelgroßes, mittelmäßiges Einfamilienhaus besitzen. Sie mähen den Rasen am Samstag, grillieren an warmen Sommerabend-Wochenenden (unter der Woche wäre suspekt). Frau Zwerg-Vonach sonnt einmal im Jahr die Betten. Sie waschen ihr Auto regelmäßig. Wischen die Wege und putzen innen und außen. Nie würde es Frau Zwerg wagen, tagsüber einfach in der Sonne zu liegen. Dazu müßte sie sich schon ins Schwimmbad bemühen. Sie kauft am Morgen ein und nicht erst abends. Musik dringt ganz selten nach außen. Sie grüßen immer höflich ohne zu denken und halten in etwa Schritt mit der Mode. Maß-halten in allem.

Fortsetzung S. 117

15. Team-Rekonstruktion
Ein Stück Institutionsgeschichte

Viele Teams haben eine bewegte Geschichte. Harte Auseinandersetzungen haben stattgefunden und viele Kränkungen blieben zurück; wirken unbewußt weiter. Ich denke hier nicht nur an Kränkungen einzelner Personen, sondern auch an institutionelle Kränkungen. Als Beispiel fällt mir eine ausgezeichnete Schule ein, deren Lehrer und Lehrerinnen viel Engagement und Kreativität in den Aufbau der Institution investierten. Der Wechsel von der ersten zur zweiten LehrerInnengeneration war sehr schmerzhaft – nur etwa drei „überlebten". Spätere Lehrerinnen und Lehrer hörten immer wieder von diesen „schlimmen", alten Zeiten – aber meist nur in informellen Gesprächen. Als ich in diese Schule eintrat, hatte ich immer wieder die Phantasie, das Gefühl, auf einem Pulverfaß zu sitzen. In vielen Zweiergesprächen habe ich mich (und viele andere) nach diesen alten Zeiten erkundigt – doch im Team hat sich dieses Bewußtsein nicht durchgesetzt – es konnte sich nicht auswirken. es war kein Bestandteil des „kollektiven" Bewußtseins. Als interner Berater war mir klar, daß grundlegende Veränderungen in dieser Institution erst möglich werden, wenn diese Geschichte soweit wie möglich bearbeitet werden kann.

Eine Voraussetzung, um diese Vergangenheit bewältigen zu können, besteht in deren Rekonstruktion. Die Geschichte muß vorerst ins Bewußtsein geholt werden, für das gegenwärtige Team erlebbar werden, um sie bearbeiten zu können. Eine Situationsklärung enthält immer die dazu gehörende Vergangenheit.

Voraussetzung:
Im Raum braucht es so viele Stühle wie Team-Mitglieder. Die Stühle sind an den Wänden aufgestellt. Der Innenraum bleibt leer.

Vorgehen:
Der, die Teamältesten setzen sich in die Mitte des Raumes und erzählen, wie sie in diese Abteilung/Organisation gekommen sind – was sie angetroffen haben – wie, was sie gearbeitet haben; also Vorfälle, Geschehnisse, Probleme und wichtige Anliegen, die vertreten wurden.

Wenn im Laufe der Zeit ein neues Teammitglied dazugekommen ist, nimmt es seinen Stuhl und setzt sich in die Mitte zum wachsenden Team. Das neue Teammitglied schildert nun seinerseits, was es angetroffen hat: Teamsituation, Stimmungen, aktuelle Themen und Probleme.

Das neue Team kommt ins Gespräch, nimmt wieder mit der Geschichte Kontakt auf. Neue Mitarbeiter und Mitarbeiterinnen kommen dazu und schildern ihre Eindrücke und Wahrnehmungen... Allmählich gelangt das Team in die Gegenwart und verbindet die Situationsklärung mit ihrer historischen Dimension.

Aus dieser Situationsanalyse kristallisieren sich fast zwangsläufig Veränderungsziele heraus.

Zu beachten:
Dieser Weg zur Situationsklärung braucht sehr viel Zeit. Aus der zunehmend stärker werdenden emotionalen Dichte heraus sollte das Vorgehen nicht unterbrochen werden. Nach meiner Erfahrung sollte mindestens ein halber Tag reserviert werden oder noch besser ein frühes Nachtessen und anschließend open-end. Durch die hohe Motivation braucht es in der Regel auch keine Pause (ausnahmsweise!).

16. Kritische Vorfälle – kritische Entscheidungssituationen

Auf dem Hintergrund, daß Krisen, Probleme, kritische Situationen immer Veränderungsimpulse beinhalten, liegt es nahe, eine Situationsklärung hier anzusetzen. Eine Verdichtung von kritischen Vorfällen verdichtet auch Veränderungs-Indikatoren.

1.Schritt
Beschreiben sie kritische Vorfälle aus ihrer Abteilung, ihrer Organisation. Solche Situationen zeichnen sich dadurch aus, daß sie, Kollegen oder Vorgesetzte nicht routinemäßig handeln konnten.

Sind sie der/die Betroffene, dann schreiben sie in der ICH-Form: Wie sie die Situation wahrnehmen, was sie beschäftigt, irritiert und mit welchen Handlungsalternativen sie sich beschäftigten.

2.Schritt
Schildern sie Ihre Situationen und Überlegungen ihren Kolleginnen und Kollegen. Sammeln Sie Reaktionen, Assoziationen, Alternativen auf Plakaten.

3.Schritt
Aus den Situationsdimensionen (wie Aufgaben-, resp. Problemkomplexe, Kompetenzunsicherheiten, Inhalte-Themen, Beteiligte), den Reaktionen, Assoziationen und formulierten Alternativen erfolgt eine verdichtete Situationsklärung. In der Diskussion ergeben sich erste Veränderungsziele.

Weiteres Vorgehen:
s. Leitfaden für die Verarbeitung von Informationen aus den Situationsklärungen S. 40

VII

Telefon. Frau Zwerg-Vonach nimmt den Hörer ab. Sie ahnt es schon. Zwerg kommt später, hat offenbar noch eine Sitzung. Nachtessen wieder einmal mehr alleine. Eine Botschaft aus dem Jenseits. Sie hört gar nicht mehr hin und legt den Hörer auf den Apparat zurück. Sie fühlt sich erschöpft. Schmeißt das warmgehaltene Essen angewidert in den Kübel. Auf das allabendliche Fernsehen spürt sie auch keine Lust. Müde zieht sie sich aus und legt sich in dunkler Verstimmung ins Bett. Sinniert über ihr Leben nach und fällt in einen dumpfen Erschöpfungsschlaf. Sie träumt einen Fluß. Klares Wasser. Breit. Sie geht am rechten Ufer entlang auf der Suche nach einer Brücke auf die linke Seite. Schon Tage ist sie unterwegs. Sie kommt an einer zerstörten Brücke vorbei. Der eine Brückenkopf ist noch intakt, der andere verschwunden. Ein Brückenbogen ragt noch aus dem Wasser hervor. Sie geht weiter, enttäuscht und erschrocken darüber, was hier wohl geschehen ist. Waren es Menschen, die diese Brücke zerstörten? Grauen befällt sie.

Nach einer weiten Flußschleife erblickt sie eine große Baustelle. Der riesige Kran rostet vor sich hin. Ein ausgebrannter Lastwagen, immer noch beladen mit Sand. Ein verkommenes Materiallager. Keine Menschen weit und breit. Der Himmel verdunkelt sich, ein Sturm kommt auf. Ein unheimliches Gewitter entlädt sich. Sie findet Schutz in einer halbverfallenen Baracke. Der Fluß schwillt an und tritt über die Ufer. Mit einem furchtbaren Getöse stürzt der Kran in den Fluß. Vor Erschöpfung schläft sie ein. Sie schläft im Schlaf. Sie träumt, daß das Unwetter vorbei ist, die Sonne treibt die schweren Regenwolken auseinander. Das Wasser kehrt in den Fluß zurück. Sie macht sich auf den Weg und findet eine seichte Stelle im Fluß. Kleine Seen und natürliche Dämme, Sandbänke, die ihr den Weg auf die andere Seite weisen.

Sie hat das ersehnte Ufer erreicht und sieht sich in einer herrlichen Landschaft mit fruchtbaren Äckern, Bächen, Wäldern, Gärten und frohen Menschen. Sie atmet tief durch und ist glücklich.

Und schon wird ihr Glück getrübt.

Sie erwacht ob der Unruhe ihres Ehemannes, der sich im Dunkeln im Bett zurechtsucht. Aus seinen Bewegungen schließt sie, daß er unruhig, nervös und unzufrieden ist.

Ihre dunkle Verstimmung kehrt zurück. Die Stimmung des Traumes ist schlagartig verflogen und sie findet nicht in den Schlaf zurück.

Fortsetzung S. 123

17. Delphi-Befragung

Delphi war ein Orakel der alten Griechen, das jeweils befragt wurde, wenn die Politiker oder andere exponierte Größen nicht mehr weiterwußten. Das moderne Delphi verfolgt ähnliche Ziele, nur daß hier nicht mehr mit finsteren Grotten und Schwefeldämpfen gearbeitet wird. Die Methode besteht darin, daß zu dem gestellten Problem – sei es nun eine Analyse, eine Prognose oder eine neue Idee – ein Kreis von Experten in einem mehrstufigen Prozeß befragt wird.

Ablauf:
1. Der gewählte Projektleiter, die Projektleiterin arbeitet einen Fragebogen aus, z.B. für eine Situationsanalyse eines Bereichs.
2. Der Fragebogen wird ausgewählten ExpertInnen vorgelegt.
3. Der Projektleiter, die Projektleiterin analysiert die Ergebnisse.
4. Der Fragebogen wird mit den Ergebnissen den ExpertInnen nochmals vorgelegt. Es wird eine Angleichung der Ansichten erwartet.
5. Der Projektleiter, die Projektleiterin analysiert die Ergebnisse der 2. Befragungsrunde. Der Fragebogen wird auf umstrittene Punkte reduziert, sofern solche vorhanden sind, und zusammen mit den Ergebnissen den ExpertInnen wiederum vorgelegt.
6. Die Ergebnisse aus dem letzten Befragungsschritt werden den ExpertInnen vorgelegt. Dabei werden sie aufgefordert, eine Diagnose, verbunden mit einer Ideensammlung zur Problemlösung, vorzulegen.
7. Im Rahmen einer Arbeitstagung stellen die Experten ihre Diagnose vor und präsentieren ihre Ideensammlung.
8. Auseinandersetzung der Bereichsangehörigen mit den vorgelegten Resultaten.

Hinweise zur Durchführung:
- Die Experten erheben Informationen mittels Fragebogen oder Interviews.
- Experten- und Moderationsrolle sind strikte zu trennen. Es ist empfehlenswert, die Präsentation in verschiedene Etappen zu gliedern, die Betroffenen in Gruppen von 4-7 TeilnehmerInnen aufzuteilen und sie durch vorbereitete ModeratorInnen begleiten zu lassen.
- Auf jeden Fall soll vermieden werden, daß die ExpertInnen in die Lage versetzt werden, zu leiten und gleichzeitig ihre Ergebnisse verteidigen zu müssen.

Das ganze Verfahren der Delphi-Methode wickelt sich schriftlich und unter Verzicht auf gemeinsame Beratung ab, wodurch ungewollte Beeinflußungen durch hierarchische oder fachliche Autoritäten oder durch rhetorisches Können ausgeschaltet werden.

Der Übergang vom Schritt 7 zum Schritt 8 ist äußerst heikel. Häufig werden Experten gelobt für ihre Arbeit und mit Dank verabschiedet. Sind diese Fachleute gegangen, werden Ergebnisse, Erkenntnisse abgelegt und vergessen.

Erfolgreich wird dieses Vorgehen nur, wenn die Betroffenen offen für Veränderungen sind und es den Experten gelingt, mittels ihrer Ergebnisse die Beteiligten in eine Situationsanalyse zu verwickeln. Vergleiche in diesem Zusammenhang die Beschreibung des Vorgehens zur Verarbeitung von Informationen aus der Situationsanalyse im Leitfaden S. 40: Die Beteiligten müssen zu Betroffenen werden.

Quelle: Duell / Frei 1986, S. 112

18. Verhaltensvignetten zum Organisationsklima

Aufgabenstellung für Gruppen:
Formulieren Sie kleine, beobachtbare Verhaltensaspekte („Vignetten"), die es einem Außenstehenden – z.b. einem Besucher, einer Besucherin der Institution erlauben, Rückschlüsse auf das herrschende Organisationsklima zu ziehen.

Selbstverständlich läßt kein einzelnes Element für sich alleine Rückschlüsse zu, sondern nur das Zusammenwirken bzw. Beobachten einer Vielzahl solcher Elemente.

Im folgenden Beispiel einer Schule werden 65 Verhaltensaspekte aufgeführt. Diese lassen sich natürlich beliebig verändern. Grundsätzlich bieten sich zwei Vorgehensmöglichkeiten an:

a) Die Verhaltensaspekte werden vorgegeben und bewertet; was trifft auf unsere Institution zu, was nicht, was mehr oder weniger.
b) Die Verhaltensaspekte werden gesammelt und anschließend bewertet.

1. Schulleiter spricht LehrerInnen und Lehrlinge mit Namen an.
2. Gefühle werden gezeigt (ein Lehrling weint / LehrerInnen zeigen Betroffenheit).
3. Nimmt jemand eine besondere Stellung ein (andere Begrüßungsform für Schulleiter; betonen der Hierarchie)?
4. Feste Sitzplätze einzelner LehrerInnen im Lehrerzimmer (kein Kontakt zwischen Gruppen)
5. LehrerInnen bringen Kuchen in die Pause.
6. Diskussion über Lehrlinge und Klassen unter LehrerInnen
7. Es wird viel gelacht.
8. Freundlicher Umgang unter den Lehrlingen
9. Gibt es Parkplatz-Privilegien?

10. Sichtbare Hinweise von Gruppenaktivitäten
11. Abwesenheit von LehrerInnen im Lehrerzimmer
12. Einander um Hilfe bitten
13. Hektik
14. Offene Türen – Besucher sind willkommen
15. Keine Kritik vor Dritten
16. Sprechstunden beim Schulleiter – lange Wartezeiten
17. Teamteaching in der Schule
18. Offene Tür des Schulleiters und dessen Stv.
19. Blumen im Schulhaus – auf dem Gelände
20. Hohe Teilnahme an gemeinsamen Veranstaltungen (LehrerInnen)
21. Wie gibt sich die Schule am Telefon?
22. Kleidung der LehrerInnen
23. Umgangston der LehrerInnen untereinander
24. Unterrichtsmaterialien werden ausgetauscht.
25. Lautstärke im Schulhaus
26. Gute Beziehung zwischen Hauswart und LehrerInnen
27. Freundlicher Umgangston von Schulleitern, LehrerInnen, Hauswart und Lehrlingen
28. Anrede untereinander (Gruppenunterschiede)
29. Werden Titel in der Anrede angesprochen?
30. Werden Lehrbeauftragte im Lehrerzimmer gerne gesehen?
31. Teilnahme der LehrerInnen an Lehrlingsveranstaltungen
32. Gibt es auch private Gespräche unter LehrerInnen?
33. Schülerfreundliche Gestaltung der Unterrichtsräume
34. Sind Schülerarbeiten ausgestellt?
35. Ist die Umgebungsgestaltung kommunikationsfördernd?
36. Mehrere KollegInnen besuchen gemeinsam eine LehrerInnenfortbildungs-Veranstaltung.
37. Geburtstage werden gefeiert.
38. Gemeinsame Aktivitäten von KollegInnen für KollegInnen
39. Die Ordnung wirkt erzwungen und wird demonstriert.
40. Menschliches, natürliches Verhalten von LehrerInnen im Unterricht
41. Gibt es Ausschüsse für Themengruppen, Projekte?
42. Bereitschaft, für andere einzuspringen
43. Erfassen von Einsatzwünschen
44. Parolen an den Wänden

45. Konflikte werden offen ausgetragen
46. Durchführen von Studienwochen
47. Ausreden lassen – zuhören können
50. Der Informationsfluß von oben nach unten ist besser als von unten nach oben.
51. Kann klassenübergreifend, projektorientiert unterrichtet werden?
52. Image der Schule in der Öffentlichkeit
53. Viele Gäste besuchen die Schule.
54. Die Schule ist präsent in den Medien.
55. Witze im Lehrerzimmer
56. Gleichbehandlung aller LehrerInnen
57. LehrerInnen stellen Lehrlinge gegen außen positiv dar.
58. Entscheidungen der Schulleitung erfolgen nach Anhörung der Lehrer.
59. Bereitschaft, etwas Neues zu versuchen
60. Familienangehörige, Lehrmeister, Firmen besuchen die Schule
61. Wie werden neue LehrerInnen integriert?
62. Wie erzählen LehrerInnen von ihrer Schule?
63. LehrerInnen brechen ein Gespräch ab, wenn jemand von der Schulleitung erscheint.
64. Geräuschpegel im Lehrerzimmer
65. Lehrlinge im Lehrerzimmer

Hinweis:
Die Verhaltensvignetten können in einer Arbeitstagung zusammengetragen – oder – was noch bedeutend wirksamer ist, gespielt werden. Das Spielen wirkt nachhaltiger und führt in der anschließenden Runde direkter zu möglichen Veränderungszielen. Der Weg, wie diese Ziele erreicht werden können, kann ebenfalls über das Spiel geschehen. Dies ergibt sich aus der Dynamik heraus fast von selbst.

Weiteres Vorgehen:
s. Leitfaden für die Verarbeitung von Informationen aus den Situationsklärungen S. 40

Quelle: Bessoth 1989, S.190ff.

VIII

Der Marder hockt im Gebälk auf dem Dachboden. Gelangweilt springt er von Balken zu Balken. Manchmal so träge, daß er fast herunterfällt. Dann ruht er sich wieder aus und gähnt, weil die Langeweile so ungeheuer anstrengend ist.

Er äugt herum. Nichts ist los heute, wäre er doch besser in der Tiefgarage geblieben. Die vielen freßbaren Teile der Blechmonster sind zwar keine Leckerbissen, doch hat er wenigstens etwas zu tun. Am Morgen wird er dann jeweils belohnt, wenn die Fahrer und Fahrerinnen einen Heidenspektakel vollführen.

Doch plötzlich regt sich etwas. Augen schärfen und Körper spannen. Eine Maus. Guten Abend herrliche, schöne Maus. Wollen wir zusammen spielen? Fangis? Mühle mit Nüssen? Die Maus steigt ein. Sie spielen Mühle und tollen herum. Geraten aneinander und werden zärtlich. Der Marder kriegt Lust und versucht die Maus zu bespringen. Nach einigen Versuchen gelingts. Nachdem seine Lust zusammengebrochen ist, frißt der Marder die Maus mit Haut und Haar.

Gesättigt, steigt im Marder wieder Langeweile hoch.

Fortsetzung S. 132

19. Zimmer der Entwicklung

In jeder größeren Gruppe existieren Subgruppen. Ihre Mitglieder teilen häufig ihre individuelle Konstruktion der Wirklichkeit. In der Analogie bilden sie spezielle Räume innerhalb der Gesamtgruppe, die dem Haus (der Institution) entsprechen. Trifft nun ein Innovationsvorhaben von außen oder von innen in dieses Haus, werden unterschiedliche Räume verstärkt in Erscheinung treten.

In einer Berufsschule entschied der Konvent, zwei Projekte in Angriff zu nehmen:

a) aufbauen einer internen pädagogisch – didaktischen Fortbildung
b) entwickeln von Möglichkeiten interner LehrerInnenberatung.

Schulinterne Entwicklungsprojekte stoßen – wie andere Innovationsprojekte auf viele, schillernde Formen von Widerstand. In jedem Kollegium grassiert *Zufriedenheit*, wenn es darum geht, Situationsklärungen durchzuführen: Wir haben keine Probleme, Zusammenarbeit ist eine Selbstverständlichkeit, direkte Feedbacks eine Frage des Anstandes usw.

In jedem Kollegium gibt es Zellen, eine Untergruppe, die *erneuern*, entwickeln will.

Neuerungen setzen *Verleumdungen* in Umlauf, z.B. die Absichten des Entwicklungs-Projektes wären letztlich, die Schulleitung abzusetzen. Wenn die Veränderungskräfte die Erhaltungskräfte übersteigen – wenn so das Entwicklungsprojekt durch die Schulleitung und die Aufsichtskommission offiziell unterstützt wird, steigt die *Verwirrung* unter den MitarbeiterInnen.

In der Folge werden die Zimmer der Entwicklung beschrieben – aus möglichst verschiedenen Blickwinkeln.

Aus der Gesamtsicht geht hervor, in welchen „Zimmern" mit der Veränderungsarbeit begonnen werden muß. Häufig muß das Zimmer der Verwirrung „aufgeräumt", in Ordnung gebracht werden. Wenn die Zufriedenheit steigt, wird es oft „heller" im Zimmer der Verleumdung.

Durch diese Situationsanalyse wird deutlich, was alles zur Ausgangssituation eines Innovationsprojektes gehört.

Zimmer der Zufriedenheit

Lehrerfortbildung	Lehrerbetreuung

Zimmer der Erneuerung

Lehrerfortbildung	Lehrerbetreuung

Zimmer der Verleumdung

Lehrerfortbildung	Lehrerbetreuung

Zimmer der Verwirrung

Lehrerfortbildung	Lehrerbetreuung

Quelle: Management Center Vorarlberg 1992, S.121

20. Die Situationslandkarte

Mit Hilfe der Moderationstechnik kann in kurzer Zeit ein facettenreiches Gesamtbild der aktuellen Situation aus der Sicht der TeilnehmerInnen hergestellt werden.

Mit den Einstiegsfragen stimmen Sie die TeilnehmerInnen ein: z.B.: Welches Gefühl haben Sie, wenn Sie an die derzeitige Situation in ihrer Projektgruppe denken?

Anschließend übertragen alle ihre Klebepunkte auf die Plakate.

Welches Gefühl haben Sie, wenn Sie an die derzeitige Situation in ihrer **Projektgruppe** denken ?
Setzen Sie einen Punkt in das entsprechende Feld !

++	+	-	--

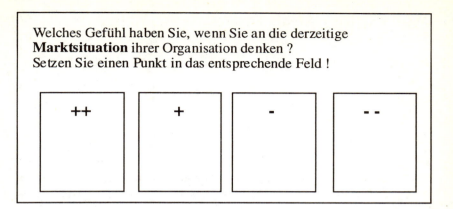

Im anschließenden Gespräch geht es darum, die Hintergründe für die Einstufungen zu erhellen.

Fragen Sie jedoch die ganze Gruppe nach möglichen Gründen, fordern Sie nicht von einzelnen TeilnehmerInnen eine Rechtfertigung für Ihre Beurteilung!

Im nächsten Schritt führen Sie eine Kärtchenabfrage durch:
Die beiden Fragen *Was erlebe ich als förderlich und hinderlich in der Projektgruppe bzw. an der Marktsituation unserer Organisation?* werden als Überschrift auf je eine Pinwand geschrieben.

Die TeilnehmerInnen antworten, indem sie ihre Antworten auf Moderationskarten schreiben, und zwar jede Aussage stichwortartig auf eine eigene Karte. Die Karten werden von der Moderatorin, dem Moderator eingesammelt, nacheinander laut vorgelesen und mit der Gruppe gemeinsam zu „Klumpen", d.h. nach zusammenhängenden Aussagekomplexen, sortiert. Die Begriffe, die die jeweiligen Aussagekomplexe charakterisieren, können anschließend auf einen Problemspeicher übertragen und mit Hilfe von Klebepunkten z.B. nach Wichtigkeit, Dringlichkeit bewertet werden.

Statt nach förderlichen und hinderlichen Faktoren zu fragen, können auch *Stärken und Schwächen* herausgearbeitet werden.

Quelle: Management Center Vorarlberg 1992, S. 151f.

21. Auswertung als Drehpunkt

Auswertungen sind vermutlich die häufigste Form von Situationsanalysen, ohne aber sich dessen bewußt zu sein. Aus diesem Grunde greifen sie auch meistens zu kurz oder sind unvollständig.

Auswerten beinhaltet immer ein Zurückblicken und Vorausblikken in kognitiver und emotionaler Hinsicht: Auswerten als Drehpunkt.

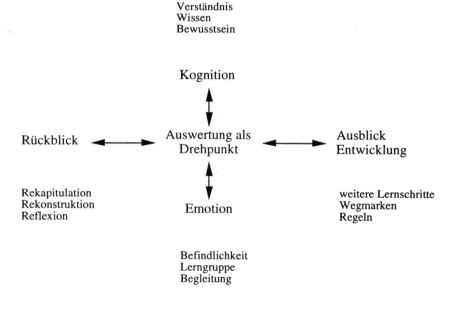

Situationsanalyse

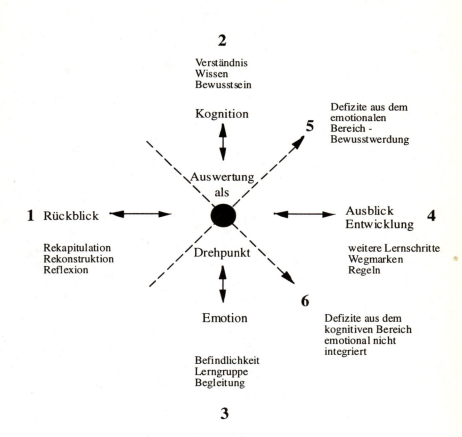

Durchführen der Situationsanalyse in Partnerarbeit

➝ **6 Schritte**

Weiteres Vorgehen:
s. Leitfaden für die Verarbeitung von Informationen aus den Situationsklärungen S. 40

IX

Theaterspektakel auf der Landiwiese. Zürich trifft sich. Selten begegnet sich in dieser nicht mehr ganz cleanen Stadt eine so bunte Mischung von Leuten; Schickeria, Alternative, Linke und Rechte und ein paar Unauffällige. Die einen freuen sich an den bunt gemischten Produktionen, andere am Sehen und Gesehen werden. Das Spektakel wird zum Gesprächsthema der Stadt – selbst in der großen Bank bzw. auf der großen Bank an der Bahnhofstraße.

Gewöhnlich unter sich, treffen sich die Bänkler auch auf der Landiwiese. Eine Seltenheit. Herr Zwerg ist selbstverständlich auch anzutreffen. Nicht etwa mit seiner Frau, sondern mit einer Gruppe Japaner. Sie hocken an einem langen Tisch der Festwirtschaft und Zwerg spielt Fremdenführer. Während er voll begeistert über die Landesausstellung 1939 und die vergangene (etwas mühsam zustandegekommene) 700-Jahr Feier der Eidgenossenschaft referiert, und alles ganz und gar nichts mit dem Theaterspektakel zu tun hat, beißt ihm ein engagierter Appenzeller-Bläss in das Wadenbein. Vielleicht deshalb. Fritz Zwerg läßt sich nichts anmerken und ist wütend – innerlich natürlich – über die alternativen Bio-Bauern, die ihre Hunde nicht an der Leine haben. Bei den Japanern findet er Gehör, wenn er über die mangelnde Arbeitsdisziplin der jüngeren Generationen schimpft.

Doch bald beginnt es zu regnen. Zwerg freut sich darüber, endlich einen Grund zu haben, in die Stadt zurückzukehren. Das Baurau-Lac ist ihm von seinen Vorgesetzten bewilligt worden. Gegessen haben sie ja schon. Und endlich sind sie in der passenden Umgebung, um über Arbeit, über Bankgeschäfte reden zu können. Das pumpt ihn wieder auf.

Nach Mitternacht steigt er zuversichtlich, leicht alkoholisiert in seinen Wagen. Auf der Schwelle seiner Wohnungstür zischt es und augenblicklich schrumpft er wieder zum Zwerg.

Fortsetzung S. 136

22. Fragebogen zur Kooperation in Lehrerkollegien

Dieser Fragebogen kann helfen, die Kooperationsstrukturen in einer Schule besser zu erkennen und – wenn das gewünscht wird – auch zu verändern.

Zwischen den gegensätzlichen Aussagen steht eine siebenstufige Skala. Jeder Lehrer, jede Lehrerin kreist jene Zahl ein, die seiner/ihrer Einschätzung entspricht.

01. Meine Ideen und Vorschläge finden nie eine faire Beachtung.	1 2 3 4 5 6 7	Meine Ideen und Vorschläge finden immer eine faire Beachtung.
02. Ich habe nicht den Eindruck daß der Schulleiter an meinen meinen Ideen interessiert ist.	1 2 3 4 5 6 7	Ich habe den Eindruck, daß der Schulleiter sehr an meinen Ideen interessiert ist.
03. Die Beteiligung der Betroffenen an Entscheidungen läßt zu wünschen übrig.	1 2 3 4 5 6 7	Alle Betroffenen sind bei Entscheidungen angemessen beteiligt.
04. Es gibt keine Anerkennung seitens der Schulleitung, wenn ich meine Arbeit erneuern oder verbessern will.	1 2 3 4 5 6 7	Ich erhalte von der Schulleitung Anerkennung, wenn ich meine Arbeit erneuern oder verbessern will.
05. Oftmals wird das, was ich vorschlage, vom Kollegium ignoriert.	1 2 3 4 5 6 7	Oftmals wird das, was ich vorschlage, vom Kollegium positiv aufgenommen.
06. Ich habe Hemmungen, im Kollegium von Fehlern zu erzählen, die ich gemacht habe.	1 2 3 4 5 6 7	Ich fühle mich im Kollegium so wohl, daß ich von Fehlern berichten kann.
07. Diese Schule praktiziert für mich zu viele Regeln und Beschränkungen.	1 2 3 4 5 6 7	Die Schule hat angemessene Regeln und Beschränkungen.
08. Es mangelt an guter Zusammenarbeit und vernünftigen Absprachen im Kollegium.	1 2 3 4 5 6 7	Es herrschen eine gute Zusammenarbeit und vernünftige Absprachen.

09. Wir diskutieren kaum darüber, wie jeder einzelne unsere kollegiale Zusammenarbeit empfindet.	1 2 3 4 5 6 7	Wir diskutieren oft, wie jeder einzelne unsere kollegiale Zusammenarbeit empfindet.
10. Die Schulleitung kontrolliert mich zu oft und zu viel.	1 2 3 4 5 6 7	Die Kontrolle der Schulleitung ist sinnvoll und gibt mir Orientierung.
11. Unser Kollegium ist nicht fähig, Konflikte offen auszutragen und aus ihnen zu lernen.	1 2 3 4 5 6 7	Unser Kollegium ist fähig, Konflikte offen auszutragen und aus ihnen zu lernen.
12. Die Schulleitung überträgt mir nicht genug Verantwortung, meine Arbeit gut zu gestalten.	1 2 3 4 5 6 7	Die Schulleitung überträgt mir genügend Verantwortung, um meine Arbeit gut gestalten zu können.
13. Die Diskussion auf Konferenzen kommen nur in seltenen Fällen zu einem befriedigenden Ergebnis.	1 2 3 4 5 6 7	Die meisten Diskussionen auf Konferenzen kommen zu einem befriedigenden Ergebnis.
14. Sitzungen und Konferenzen werden nie offiziell ausgewertet.	1 2 3 4 5 6 7	Sitzungen und Konferenzen werden an unserer Schule immer ausgewertet
15. Es existiert ein niedriger Leistungsstandart in unserer Schule.	1 2 3 4 5 6 7	Es existiert ein hoher Leistungsstandart in unserer Schule
16. LehrerInnen tauschen weder Vorbereitungen noch Arbeits material aus.	1 2 3 4 5 6 7	Zwischen LehrerInnen besteht ein reger Austausch von Vorbereitungen und Arbeitsmaterialien.

Die unterschiedlichen Bewertungen entstehen durch die subjektiven Einschätzungen der Wirklichkeit. Durch diese Situationsanalyse entsteht die Möglichkeit, Veränderungsziele zu erarbeiten, damit ein größerer Konsens in der Einschätzung der gemeinsamen Wirklichkeit entstehen kann, die wichtigste Grundlage für die Entwicklung der Zusammenarbeit.

Weiteres Vorgehen:
s. Leitfaden für die Verarbeitung von Informationen aus den Situationsklärungen S. 40

Quelle: nach Philipp 1992, S.104/105

23. „Bild" der Situation

Die Bildersprache ist der gesprochenen, geschriebenen Sprache informationstheoretisch überlegen. Sie ist komplexer, gehaltvoller, nuancenreicher, vielfältiger, gefühlsnäher und verdichteter. Sie ist kognitiv weniger kontrolliert. Diese Eigenschaften machen sie attraktiv für Situationsanalysen.

Mit Kreiden, Farben, Ton und Collagematerial wird ein „Bild" der Situation gestaltet. Viele Eindrücke, Erfahrungen, Haltungen, Einstellungen aus dem nicht bewußten Bereich kann in diese Gestaltung einfließen – v.a. auch Wirkfaktoren aus der Team- bzw. Organisationskultur. Durch das kreative Gestalten entsteht ein lustvolles, „schaffiges" Klima, das auch die Arbeitsatmosphäre, die Beziehungen beeinflußt.

Da die entstehenden Bilder und Skulpturen Ausdruck der subjektiven Wahrnehmungen sind, bietet die anschließende Besprechung eine geradezu ideale Gelegenheit, diese subjektiven Wirklichkeiten zu besprechen und so zu einer abgesprochenen Wirklichkeit zu gelangen, die der Zusammenarbeit neue Impulse vermittelt (s.S. 9ff.).

Weiteres Vorgehen:
s. Leitfaden für die Verarbeitung von Informationen aus den Situationsklärungen S. 40

Zu beachten:
Bei allen kreativ-intuitiven Methoden genügend Zeit und Sorgfalt für die Einleitung und Auswertung verwenden.

X

Kaisers kommen zu Besuch. Franz Kaiser ist ein ehemaliger Arbeitskollege von Fritz Zwerg an seiner vorherigen Stelle in der Handels- und Kommerzbank. Sie begrüßen einander höflich – die Ehefrauen eher distanziert.

Herr Kaiser bewundert Zwerg, weil es ihm gelungen ist, auf der Karriereleiter eine Sprosse höher zu klettern. Er will heute davon profitieren. Fragt ihn aus. Diskutiert. Ihre Frauen haben sie völlig vergessen. Sie sind auch nicht mehr da. Sie haben sich in die Küche zurückgezogen, bereiten Apéro und Essen vor und reden darüber, daß ihre Männer einfach nicht zu gebrauchen sind. Reden über Rezepte und Kleider – nur nicht über sich selbst. Davor hüten sie sich wie das Feuer vor dem Wasser.

Der Tisch ist gedeckt – das Essen wird aufgetragen. Jetzt ist Unterhaltung angesagt. Schön hin und her, eins – zwei – drei – vier – Foxtrott...

Die Zeit vergeht. Geplätscher. Kein Höhepunkt. Mittelwelle – Ultrakurzwellen im Breitband.

Sie reden über Ferien und Strand. Und beschließen aus lauter Langeweile, gemeinsam auf die Kanarischen Inseln zu fliegen. 14 Tage. Ein Pauschalarrangement. Alle sind zufrieden. Eine Lücke ist geschlossen. Die unmittelbare Zukunft im Trockenen. Zwergs und Kaisers verabschieden und bedanken sich gegenseitig für den gelungenen Abend.

Fortsetzung S. 140

24. Ressourcen-Analyse

Mitarbeiter, Geld, Zeit sind die drei großen Ressourcenfelder in der Organisation, von denen einzelne Leitungspersonen, Abteilungen, Teams betroffen sind. Weil generell in der heutigen Zeit Ressourcen immer knapper werden und dadurch ihr Stellenwert immer zentraler wird, lohnt es sich, hier mit einer Situationsanalyse anzusetzen.

Als Vorbereitung für die anschließende Ressourcen-Analyse dienen folgende Fragen. Einzelne oder noch vorteilhafter kleine Gruppen suchen nach Antworten.

Mitarbeiter
– Werden bei Neuanstellungen Aufgaben, Anforderungen und Qualifikationen der BewerberInnen ins Zentrum gestellt?
– Gibt es MitarbeiterInnen, die über- oder unterfordert sind?
– Was wird getan für die Personalentwicklung?
– Gibt es in ihrer Abteilung, in ihrer Organisation ein Weiter- und Fortbildungskonzept?
– Wie reagieren Vorgesetzte auf Wünsche von MitarbeiterInnen, bestimmte Kurse oder Weiterbildungen zu besuchen?
– Sind freiwillige HelferInnen, SupervisorInnen, BeraterInnen in die Führungsaufgaben integriert?
– Welche aktuellen Probleme, Schwierigkeiten von MitarbeiterInnen sind ihnen bewußt?

Geld
– Wie sieht ihre eigene Geldbiografie aus?
– Kennen sie Leitsätze über den Umgang mit Geld in ihrer Organisation?

- Gibt es immer wiederkehrende Diskussionen über Geld? Über die Löhne?
Warum? Haben sie Vorstellungen über mögliche Lösungen?
- Sind die Ausgaben offiziell anerkannt und ins Budget aufgenommen?
- Gibt es in der Organisation teure Leerläufe? Was ließe sich verbessern (verbilligen)?
- Gibt es in ihrer Arbeit Druck- und Stressituationen, weil die Ressourcen nicht ausreichen? Was haben sie bisher dagegen unternommen?
- Wo liegen die Probleme in der Geldbeschaffung? Wie wären sie lösbar?
- Haben sie „eigenes Geld" zu verwalten? Wie groß ist der Spielraum?
- Existiert ein Controlling und wird es als Führungsinstrument benutzt?

Zeit
- Was tun sie, um ein gutes Zeitklima zu schaffen? Ein Klima, das weder zu hektisch, noch zu schlaff ist?
- Haben sie sich schon einmal mit Zeitfressern beschäftigt?
- Kennen sie Ursachen für den Zeitdruck bei ihren einzelnen MitarbeiterInnen, bei ihnen selbst, in der Organisation? Was läßt sich dagegen tun?
- Haben sie sich schon überlegt, ein kleines Zeiterfassungsvohaben durchzuführen? Was hat sie allenfalls davon abgehalten?
- Was geschieht in ihrer Organisation mit Wünschen nach mehr Teilarbeitszeit-Stellen?
- Und ihre innere Uhr – Hören sie ihr Ticken?

Ressourcen-Analyse

	Mitarbeiter	Geld	Zeit
1. Wo sehe ich Ressourcen ?			
2. Wie werden vorhandene Ressourcen genutzt ?			
3. Wo liegen Ressourcen brach ?			
4. Verborgene Ressourcen ?			
5. Verschleuderte Ressourcen ?			
6. Wer erschliesst neue Ressourcen ?			

In Anlehnung an: Lotmar / Tondeur 1989, S.102-137

XI

Fritz Zwerg geht in sich und findet, dank dem im Versandhaus bestellten Gerät, einen erhöhten Blutdruck. Im weiteren stellt er fest, daß im Laufe der Zeit sein Bauch ganz schön angesetzt hat. Seine Frau hat ihn auch wieder darauf aufmerksam gemacht – in allen möglichen und unmöglichen Situationen. Eine leichte Sehstörung beunruhigt ihn aber weit mehr, weil die Bilanzen der Bank häufig so verdammt klein ausgedruckt werden. Gründe dafür gibt es genug und die meisten sind auch bekannt. Im weiteren beklagt er sich (unhörbar) über stärker werdende Rückenschmerzen. Auch Kopfschmerzen nehmen zu. Zwerg beschließt, seinen Hausarzt aufzusuchen. Dr. Riedel hört sich das alles an. Macht seine Tests, einige Blutuntersuchungen, die er in ein Labor sendet. In 10 Tagen habe er die vollständigen Resultate. Zwergs Befürchtungen schwächen sich ab. Vorerst hat er seine Beschwerden delegiert und erst am 9. Tag beschleicht ihn wieder das Unwohlsein.

Am 10. Tag wird er mit den Diagnose-Daten konfrontiert. Die Blutdruckwerte sind viel höher. Also kann er sein Gerät gleich in den Kehricht schmeissen. Fritz Zwerg nimmt die Medikamente entgegen, die der Arzt ihm hinstreckt. Die Kopfschmerzen gehen auf eine nervöse Unruhe zurück. Dagegen helfen Beruhigungsmittel. Schlafstörungen kommen ihm erst jetzt in den Sinn. Doch die Schlaftabletten sind bereits dabei. Komisch. Die Rückenschmerzen führt Dr. Riedel auf seine krumme Wirbelsäule zurück. Ein Versuch mit 10 Physiotherapiestunden würde sich lohnen. Und weil die meisten Physiotherapeutinnen jüngere Frauen sind, freut sich Zwerg auf diese Dienstleistung der Krankenkasse. Auch gegen die Sehstörung gibt ihm der Arzt eine Schachtel Medikamente. Als Prämie mit auf den Weg erhält Zwerg noch eine Dose Vitamin-Aufbaupräparat.

Ein wirklich zuvorkommender Arzt, dieser Riedel: fünf Schachteln Medikamente, eine Dose und die Adresse der Physiotherapeutin.

Stolz, seine Heilung in der Tasche zu haben, fährt Fritz Zwerg in die Tiefgarage der Großbank. Er braucht weiter nichts zu tun, als regelmäßig seine Tabletten und Pillen zu schlucken und schon wird er zu seiner Zufriedenheit wieder voll funktionsfähig.

Übrigens verschwand auch seine Angst zu fallen.

Fortsetzung S. 165

25. Probleme in großen Gruppen

Für große Gruppen / Teams (8 und mehr Mitglieder) gelten spezielle Gesetzmäßigkeiten, die im folgenden zusammengefaßt sind. Auf der rechten Seite finden sie Platz für ihre Beobachtungen bzw. Erfahrungen.

Diese Situationsanalyse – von Zeit zu Zeit durchgeführt – hilft großen Gruppen und Teams, ihre Zusammenarbeit zu verbessern.

1. Schwache Führung
Große Gruppen haben es schwer, sich ad hoc zu organisieren. Es sind zu viele Einzelinteressen, Ideen und Wünsche vorhanden. Die Situation droht schnell chaotisch zu werden. Große Gruppen brauchen akzeptierte LeiterInnen, die die Arbeit klar strukturieren und die Motivation der Mitglieder erhalten können.

2. Nachlassendes Engagement
In großen Gruppen ist es für den einzelnen schwierig, seine Talente zur Geltung kommen zu lassen. In der Folge können sich einzelne Mitglieder enttäuscht abwenden. Sie verlieren ihr Interesse an der Arbeit und die Leistungsbereitschaft schwindet.

3. Zu viele Informationen

Je größer die Gruppe, desto mehr Informationen liegen vor, sowohl in Form von Daten als auch in Form von individuellem Wissen, Fähigkeiten und Erfahrungen.

Diese Informationen müssen gut strukturiert werden, damit Entscheidungen getroffen werden können.

4. Unklarheit über die Rolle in der Organisation

Häufig besteht in großen Gruppen Unklarheit einzelner Mitglieder über ihre Aufgaben, Kompetenzen, Verantwortung und Rolle, die sie in der Organisation haben. Aus dieser Unklarheit heraus ziehen Mitglieder ihre Aufmerksamkeit vom Ganzen ab und widmen sich ihren persönlichen Interessen, nur noch dem Naheliegenden und verlieren das Ganze aus den Augen. Große Teams müssen sich von Zeit zu Zeit immer wieder ihrer Funktion in der Organisation bewußt werden.

5. Versteckte Konflikte

In großen Gruppen können persönliche Konflikte, Differenzen leicht versteckt werden. Meistens schwelen sie im Untergrund weiter. Große Gruppen sind viel stärker als kleine durch Intrigen gefährdet. Auswertungen, Rückmeldungen helfen, daß sie ans Tageslicht kommen und so überhaupt erst lösbar werden.

6. Vernachlässigung individueller Qualitäten

In großen Gruppen kommen individuelle Qualitäten wie Zuhören können, Ideen entwickeln, Klarheit im Ausdruck (und anderes mehr) zu kurz. Enttäuschte Mitglieder werden so in ihrer Konzentration beeinträchtigt. Wenn Mitglieder nicht wissen, welche Funktion sie in der Gruppe haben und nicht in der Lage sind, eine sinnvolle Rolle für sich zu finden, wird die Gruppe in der Bewältigung ihrer Aufgabe immer wieder auf Schwierigkeiten stoßen.

---

7. Unökonomische Arbeitsweise

Große Gruppen bzw. ihre Leiter müssen immer wieder fantasievolle Methoden finden, damit sie Zeit und Mittel ökonomisch nutzen können. Auch müssen sie über die Flexibilität verfügen, sich in kleinere Arbeitseinheiten aufzuteilen und die Ergebnisse wieder zusammenzuführen.

---

8. Unklare Entscheidungsstrategien

Ohne formale Organisation fällt es großen Gruppen schwer, Entscheidungen treffen zu können. Sind keine Methoden vorhanden, werden sich zufällige Abstimmungen durchsetzen, die neue Probleme schaffen (z.B. produzieren von Minderheiten durch einfache Mehrheitsabstimmungen).

Weiteres Vorgehen:
s. Leitfaden für die Verarbeitung von Informationen aus den Situationsklärungen S. 40

Quelle: Francis / Young 1982, S.109ff.

26. Colombo versus Sherlock Holmes

Situationsanalysen verleiten BeraterInnen, KursleiterInnen in der Erwachsenenbildung häufig zur Annahme, gute DetektivInnen sein zu müssen. Vorbilder tauchen auf von „Muster-Detektiven" wie Sherlock Holmes und Colombo – zwei Antagonisten.

„Der ideale Detektiv würde, wenn er einen einzigen Aspekt eines ganzen Falles sehen könnte, von diesem nicht nur die ganze Kette von Ereignissen ableiten, die zu ihm führten, sondern darüber hinaus alle Resultate aufzeigen können, welche aus ihm folgen.

So wie Couvier ausgehend von der Betrachtung eines einzigen Knochens das ganze Tier beschreiben konnte, genau so könnte der Beobachter, der ein Glied in der ganzen Kette von Ereignissen gründlich verstanden hat, alle andern Ereignisse benennen, sowohl vor- als auch nachher" (Nevis 1983, S.361).

Zweifellos Grundsätze von *Sherlock Holmes*,

– der gut organisiert
– präzis
– wissend
– überlegend in der Wahrnehmung
– logisch argumentierend
– rational
– deduktiv ist.

Als Kontrastfigur profilierte sich *Colombo*, ganz im Gegensatz zu Sherlock Holmes:

– eher ungepflegt (was nicht wörtlich zu nehmen ist)
– geht nicht von Annahmen, Hypothesen aus
– hat keine klare Leitlinie
– weiß immer wieder nicht, was seine nächsten Schritte sind.

Colombo handelt wie ein Schwamm und taucht in das Feld ein. Er bleibt nie ruhig. Er bringt die Leute dazu, ihm Daten und Informationen mitzuteilen, sobald er mit ihnen in Kontakt getreten ist. Colombo irritiert die Täter, indem er ihnen oft die gleiche Frage stellt oder sie um Erlaubnis bittet, eine Umgebung anzusehen, die er schon mehrmals gesehen hat, was einem wichtigen *Grundprinzip der Situationsanalyse entspricht!*

Die Nützlichkeit des scheinbaren unfokussierten Herumwanderns führt zur Wissenschaft des „Herumwühlens". Diagnosen werden nicht erzwungen, sie erhalten Gelegenheit (den Kontext), sich konstellieren zu können.

Leitsätze der Colombo-Strategie

– Die Welt / die Situation auf sich zukommen lassen.
– Auf etwas warten, bis es auftaucht.
– Forschen, ohne organisiert oder voreingenommen zu sein bezüglich dessen, was wir erwarten (z.B. mit Frageraster, Fragebogen mit offenen Fragen usw.).
– Naiv sein – nicht wissen, wie die Dinge funktionieren – und hoffen, Neues zu entdecken.
– Frei von Inhalt sein.
– Darauf hören, sensibel sein, was dem andern wichtig ist. Mobilisieren der Energie der AdressatInnen: stimulieren, beunruhigen, motivieren.

Diese Überlegungen, die bestimmt *auf alle Situationsanalysen* übertragen werden müssen, brachten mich auf die Idee, die AdressatInnen, KlientInnen anzuregen, ihre Situation zu fotografieren, kleine Videosequenzen zu drehen (höchstens 3-5 Min.) zur IST-Situation.

Mit dieser Aufforderung wird eine Ausstellung eröffnet mit Fotos, Videosequenzen, die laufend kommentiert und erweitert wird. Ein Raum, empfehlenswert sind zentral gelegene Korridore und Sitzungszimmer, die vorübergehend von jeglichem Zimmerschmuck befreit werden. Für die ganze Aktion wird ein Zeitraum von 1 bis 2 Monate festgelegt.

Eine andere Variante besteht darin, daß ein Berater, eine Kursleiterin für 2-3 Tage eingeladen wird. Diese Person hätte die Aufgabe, sich wie Colombo zu bewegen, Gespräche zu führen, zu beobachten, um anschließend seine/ihre Erkenntnisse zurückzumelden und mit den Betroffenen gemeinsam eine Diagnose zu erarbeiten.

Weiteres Vorgehen:
s. Leitfaden für die Verarbeitung von Informationen aus den Situationsklärungen S. 40

Quelle: Nevis 1983, S.359-368

27. Geschichten erzählen

Aufgrund des Prinzips der Selbstähnlichkeit lassen sich folgende Thesen formulieren:

- Meine Lernprozesse unterscheiden sich nicht wesentlich von anderen, mit denen ich zusammenarbeite.
- Die geistigen Prozesse (Kognition, Ideen – Gefühle – Verhaltensmuster) im einzelnen sind den Prozessen zwischen Menschen ähnlich.
- Dies gilt zwischen 2 Menschen, in Gruppen und zwischen Gruppen.

Vorgehen in der Situationsanalyse:
Mitarbeiter und Mitarbeiterinnen eines Teams, einer Abteilung, schreiben auf einer A4-Seite ihre *Geschichte* aufgrund folgender Fragen:
Was habe ich angetroffen, als ich hier meine Arbeit aufgenommen habe?

- Was habe ich mitgebracht?
- Wo/mit wem/womit habe ich mich auseinandergesetzt?
- Wie habe ich mich integriert bzw. bin ich integriert worden?
- Was habe ich ausprobiert?
- Welche Erfahrungen habe ich damit gemacht?
- Wie und was wurde damals gedacht?

Wo stehe ich / wo stehen wir heute?
- Unser Wissen, unsere Ideen, Vorstellungen heute?
- Unser aktuelles Beziehungsnetz?
- Wie verhalten wir uns heute gegenüber Kunden/Klienten, im Team, in der Abteilung, in der Institution?

Weiteres Vorgehen:
s. Leitfaden für die Verarbeitung von Informationen aus den Situationsklärungen S. 40

Quelle: Schmidt 1993, S.69f.

28. Ordnung – Unordnung

Tochter: Pappi, warum kommen die Sachen durcheinander?
Vater: Was meinst du? Sachen? Durcheinander?
T: Na ja, die Leute verbringen viel Zeit damit, Sachen aufzuräumen, aber sie scheinen nie Zeit zu brauchen, um sie durcheinanderzubringen. Alles scheint irgendwie von selbst durcheinander zu geraten. Und dann müssen die Leute wieder aufräumen.
V: Aber kommen deine Sachen durcheinander, wenn du sie nicht anrührst?
T: Nein – nicht, wenn *niemand* sie anrührt. Aber wenn du sie anrührst – oder wenn irgendwer sie anrührt –, kommen sie durcheinander, und das Durcheinander ist schlimmer, wenn ich es nicht bin.
V: Ja – deshalb versuche ich dich immer davon abzuhalten, die Sachen auf meinem Tisch anzufassen. Denn meine Sachen kommen in ein schlimmes Durcheinander, wenn jemand anders als *ich* sie anfaßt.
T: Aber bringen Leute *immer* anderer Leute Sachen durcheinander? Warum machen sie das, Pappi?
V: Augenblick mal. Das ist nicht so einfach. Sag mir erst, was du mit „durcheinander" meinst.
T: Ich meine – so, daß ich nichts mehr wiederfinde und so, das alles durcheinander *aussieht*. So wie es ist, wenn nichts seine Ordnung hat –
V: Na gut, bist du sicher, daß du dasselbe mit „durcheinander" meinst, was jeder andere auch meinen würde?
T: Aber natürlich, Pappi, ich bin ganz sicher, weil ich nicht besonders ordentlich bin, und wenn *ich* sage, daß Sachen durcheinander sind, dann würde ganz gewiß jeder mit mir übereinstimmen.

V: In Ordnung – aber glaubst du denn auch, du meinst dasselbe mit „ordentlich" wie alle andern Leute? Wenn Mammi deine Sachen aufräumt, weißt du dann, wo du sie findest?
T: Hmmm ... *manchmal* – weil, siehst du, ich weiß, wo sie sie hinlegt, wenn sie aufräumt –
V: Ja, ich versuche auch, sie daran zu hindern, meinen Tisch aufzuräumen. Ich bin sicher, daß sie und ich nicht dasselbe unter „ordentlich" verstehen.
T: Pappi, verstehen du und ich dasselbe unter „ordentlich"?
V: Ich bezweifle es, mein Schatz – ich bezweifle es.
T: Aber Pappi, ist das nicht komisch, daß jeder dasselbe meint, wenn er „durcheinander" sagt, aber alle unter „ordentlich" etwas anderes verstehen. Und „ordentlich" *ist* doch das Gegenteil von „durcheinander", oder nicht?

Ausschnitt aus dem Metalog: Warum kommen Sachen durcheinander?

Bateson 1981, S.32f.

Arbeitsblatt **Ordnung - Unordnung**

Wo finden wir Ordnung vor ?	**Wo finden wir Unordnung vor ?**

Wo sollte Ordnung aufgelöst werden, weil es zu starr, zu einschränkend wird ?	**Wo müsste mehr Ordnung entstehen ?**

29. Grenzen

In der energetischen Betrachtung von Systemen werden die Grenzen zwischen Subsystemen äußerst wichtig.

Grenzen geben Sicherheit, schaffen Struktur und Klarheit. Sie zwingen zur Konzentration auf das, was innerhalb liegt. Eine immer wieder zu beobachtende Eigenart des Menschen, immer zuerst außerhalb zu suchen, beispielsweise eben das zu wollen, was andere haben.

Der Mensch ist Wirklichkeit und Möglichkeit (Maslow). In diesem Satz ist die Grenze verborgen. Ein Entwicklungsauftrag, der heißt, unsere Grenzen kennenzulernen, an unsere Grenze zu gehen. Ein lebenslanger Prozeß, der vergrößert, bereichert und uns, als auch die Möglichkeiten eines Systems potenziert. Grenzen zeigen auf, daß nichts unbegrenzt zur Verfügung steht. Er zwingt uns zu einem sorgsamen Umgang mit begrenzten Ressourcen.

1. Schritt

Klare Grenzen
Klare Grenzen bedeuten Flexibilität. In der Vernetzung mit andern Subsystemen, andern Systemen treten kaum Schwierigkeiten auf. Die Kommunikation über die Grenzen hinweg ist klar und eindeutig.

Diffuse Grenzen
Diffuse Grenzen bedeuten Verstrickungen. Sie können zu einem ewigen Hin- und Her führen. Der Informationsaustausch ist nicht transparent und über die Regeln der beiden involvierten Subsysteme wird dauernd verhandelt.

Starre Grenzen
bedeuten Rigidität für ein System. Obwohl vordergründig (oder auf dem Papier) vernetzt, werden kaum Informationen ausgetauscht.

2. Schritt

Grenzdurchlässigkeit
Die Grenzen zwischen Systemen und Subsystemen unterscheiden sich hinsichtlich ihrer Durchlässigkeit.

Gruppen, Teams, Abteilungen, die Angst vor Energieverlust haben – da ihrer Meinung nach nur eine begrenzte Menge an Energie zur Verfügung steht – versuchen sich von anderen Teilsystemen abzugrenzen. Ein scheinbarer Widerspruch entsteht. Sie grenzen sich ab und brauchen dazu viel Energie, um sich vor dem „Abfließen", vor dem Abzug ihrer Energie zu schützen. Ein Nachbarteam beispielsweise wählt eine andere Strategie. Sie grenzen sich zwar ab, um ihr Potential aufrechtzuerhalten, versuchen aber Energie von Nachbarsystemen aufzunehmen, z.B. in Form von Aushilfen, Abläufen, Problemlösungen, Informationen usw. Hier könnte man auch von Halbdurchlässigkeit sprechen.

Energielosigkeit führt zur Bedrohung der Identität: Wer sind wir? Was ist unsere Spezialität? Was können wir? Wie machen wir uns bemerkbar? usw. Wenn diese Fragen nicht beantwortet werden können, kann die Unterscheidungsfähigkeit nicht mehr aufrechterhalten werden. Rückzug ist eine häufige Folge oder Fehlzeiten, hohe Personalfluktuation eine andere, Beziehungsschwierigkeiten im Team und allenfalls mit KlientInnen.

Wenn *Undurchlässigkeit* vorherrscht, dominiert Konkurrenz, Nachahmung, Kommunikationslosigkeit, Unabhängigkeit (im Sinne der Independenz, nicht der Autonomie) und Abspaltungsversuche. Auf dem Hintergrund der mangelnden Kommunikation blüht die Projektion. In der Regel kann davon ausgegangen werden, daß die Energiegrenzen aufgebaut werden, um dem drohenden Identitätsverlust vorzubeugen.

Die Energie-*Durchlässigkeit* bildet die Voraussetzung für Kooperation – ein gegenseitiges Verständnis ist möglich, eine klare Kommunikation – aber vielleicht auch eine weniger große Leistungsfähigkeit und eine gegenseitige Abhängigkeit, die unabdingare Voraussetzung für die Zusammenarbeit.

3. Schritt

Grenzdurchlässigkeit erhöhen – abbauen von Barrieren
Der *Austausch von Energie* kann gefördert werden durch Intensivieren des Austausches von Erfahrungen, einführen von Supervision/Praxisberatung, gemeinsame Aktionen, intensivieren des gegenseitigen Informierens, gegenseitige Besuche, temporärer MitarbeiterInnen-Austausch ist der beste Erfahrungsaustausch.

Die *Konfrontation mit externen Faktoren* wird am besten eingeleitet mit Erhebungen zum Fremdbild, Image-Analysen (nicht zu aufwendig gestalten), mit Erhebungen zur Positionierung der eigenen Angebote auf dem Markt, konfrontieren mit der Konkurrenz, Chancen und Bedrohungen, die in den nächsten Jahren auf die Organisation einwirken werden.

Durch *Umstrukturierungen,* z.B. aufbauen einer Projektorganisation und arbeiten in Projekten, deren Gruppen meistens quer durch die Organisation zusammengesetzt werden (Systemgrenzen überschreiten), einführen neuer Zielsetzungen, neuer Produkte oder Dienstleistungen, die eine neue Struktur über die gegebenen Grenzen hinaus erfordern.

Verstärkung von Grenzen
Wenn die Durchlässigkeit extrem hoch ist, kann es notwendig werden, die Grenzen zwischen Subsystemen zu stärken, die Energien zu fokussieren, um die Produktivität oder die Qualität der Dienstleistungen zu erhalten. Meist ist eine Trennung notwendig, beispielsweise die Gesamtteamsitzung aufzulösen in Sitzungen der einzelnen Teams, Arbeits- und Wohnbereich zu trennen, unterschiedliche Arbeits- und Lebensstile zu entwickeln.

Die Unterschiedlichkeit verschiedener Subsysteme wird erhöht. Einführen von Pflichtenheften, Stellenbeschreibungen, Funktionsgestaltung. Ein Organisationshandbuch wird erstellt. Es wird eine neue Struktur entwickelt, um der unterschiedlichen Energie der Angehörigen eines Systems und den Anforderungen aus der Umwelt gerecht zu werden.

Vorgehen in der Situationsanalyse:
Für die *Schritte 1 und 2* steht eine Kopie des Grundrisses der Organisation zur Verfügung ! Eine Handskizze reicht aus, eignet sich vielleicht sogar besser als Architektenpläne, die für unseren Zweck viel

zu viele Informationen enthalten, die in diesem Zusammenhang nicht von Bedeutung sind.

Im ersten Schritt wird die Art der Grenzen eingezeichnet – womöglich farblich unterstützt. Im zweiten Schritt die Durchlässigkeit dargestellt, z.B. durch die Energiemenge, die durchfließt oder zurückgehalten wird.

Im *dritten Schritt* werden Lösungsvorschläge erarbeitet, um die Durchlässigkeit zu erhöhen oder die Grenzen zu stärken. Diese werden in einer Vollversammlung vorgestellt und anschließend entsprechende Maßnahmen beschlossen.

Quelle: Oshry 1977

Grenzüberschreitungen

Wer Grenze sagt, sagt: Form
Wer Grenze sagt, sagt: Sinn.
Das altgriechische Wort „telos"
heißt ebenso Grenze wie Sinn.
Grenzenlose Wissenschaft zerstört
alle Formen.
Grenzenloses Wachstum zerstört
jeden Sinn.
Darum bin ich für Grenzen.
Darum bin ich für den Sinn und die Sinne.
Auch unsere Haut ist eine Grenze.
Grenzen sind Reibungsflächen.
Grenzen sind Spannungsfelder.
Kurz und gut: Grenzen sind spannend!
Darum liebe ich Grenzen.
Gäbe es sie nicht, könnte man sie
auch nicht überschreiten.
Nichts Schöneres, als Grenzen
überschreiten zu können.
Grenzen provozieren zum Überschreiten.
Grenzenlosigkeit provoziert – gähn!
gähn! – zu nichts.
Darum ziehe ich Grenzen vor.
Möglichst viele Grenzen.
Je mehr Grenzen es gibt, desto mehr
können überschritten werden.
Desto spannender wird das Leben!
Ins Nirwana, in die Grenzenlosigkeit
fallen wir noch früh genug.
Leben heißt: immer wieder an Grenzen
gelangen. Aber auch:
immer neue Grenzen überschreiten.
Es lebe die Grenzüberschreitung!
Kurt Marti

30. Die unvollständigen Handlungen

Das Prinzip der unvollständigen, unabgeschlossenen Gestalt kann als Einstieg für eine Situationsnalyse genutzt werden.

Interaktionsabfolgen, die nicht abgeschlossen – steckengeblieben sind – beeinflussen, belasten die nachfolgenden Interaktionen, die im Kontext von Organisationen programmiert sind.

Was müßte ich X sagen, um eine steckengebliebene Handlungsabfolge abzuschliessen. Was müßte ein Team A dem Team B mitteilen, was es immer wieder nicht sagt?

Meistens werden die Interaktionsketten, die Handlungsabfolgen abgebrochen, weil die Weiterführung in einen Konflikt führen würde, den alle gerne vermeiden. Und genau in diesem Konflikt, der umgangen, vermieden wird, liegt das Entwicklungspotential.

Methodisch gibt es verschiedene Wege:

Ich kann mit der Fotolangage arbeiten (s. Brühwiler 1994, S.37ff.) oder mit direkten Mitteilungen, schriftlich, adressiert mit Absender versehen.

Die Analyse der Vergangenheit dient zur Erkenntnis. In zukünftigen Abbrüchen schreibt jeder Mitarbeiter, jede Mitarbeiterin eine Aktennotiz und legt sie in die entsprechenden Fächer, sofern die Interaktionsabfolge nicht beendigt werden konnte. Dieses Vorgehen dient als Übergang bis die direkte, unmittelbare Fortsetzung der Interaktions-Abfolge möglich ist.

Die auf der folgenden Seite beschriebene Signal-Übung verfolgt dasselbe Ziel.

Dieser Methodenvorschlag ist als Aktion zu verstehen. Das Ziel besteht natürlich darin, die Abbrüche gar nicht erst aufkommen zu lassen. Ich habe oft erlebt, daß solche schriftlichen Übergänge eine Veränderung erleichtern. Von der Verdrängung, dem Ausweichen, zur direkten Konfrontation ist für viele ein zu großer Schritt.

Signal

von: ....an: ....

Es wäre hilfreich für mich, wenn Du

1. häufiger oder mehr ...

2. weniger oder überhaupt nicht mehr ...

3. weiterhin ...

...tun würdest.

Quelle: Francis/Young 1982, S.211

31. Positive Attraktoren – Negative Attraktoren

Werner Forsters spannender Beitrag in „Managerie" (1992): „Management by attraction" hat mich für diese Variante einer Situationsklärung angeregt.

„Attraktoren sind Elemente, die zwar nichts zwingend bewirken oder direkt versursachen; *sie erhöhen bzw. reduzieren aber die Wahrscheinlichkeit bestimmter Ereignisse"* (s.o. S.107).

Situationsklärung als Ausgangspunkt jeder Entwicklung – Besammlungsort für eine Wanderung – sucht solche Attraktoren, um die Entwicklung in Gang setzen und gestalten zu können. Die behaupteten Realitäten gehen auf innere Bilder zurück, die sich verfestigt haben. „Soziales Verhalten beruht zu erheblichen Teilen auf Sichtweisen, auf Annahmen über wahrscheinliche oder mögliche Reaktionen anderer Personen" (s.o.S. 108).

Untergründige Ströme – Strömungen, die die Entwicklungsverläufe bestimmen, sollen in Situationsklärungen ergründet werden. Aufgrund gewachsener und verfestigter Überzeugungen – innerer Bilder – verhalten sich die einen so, daß Entwicklung in Gang kommt und andere so, daß alles bleibt wie es ist. Vielleicht ändern sich solche Positionen an Übergängen zu neuen Lebensphasen.

Die inneren Bilder gleichen Bausteinen, mit denen wir unsere Wirklichkeit konstruieren. So gibt es in komplexen Situationen immer verschiedene Konstruktionen von Wirklichkeiten. Wenn ein Team beispielsweise nicht einen minimalen Konsens in der Einschätzung, Beschreibung, Beurteilung ihrer gemeinsamen Arbeitssituation – ihrer KundInnen – erreicht, wird eine Kooperation nie zufriedenstellend sein können, sich höchstens in Postulaten oder gegenseitigen Schuldzuschreibungen erschöpfen.

Mittels Erkundungen, Analysen versuchen wir in Situationsklärungen Attraktoren herauszufinden:

Welche Einstellungen, Überzeugungen, welche inneren Bilder, bewirken, daß alles bleibt wie es ist – oder – welche ermöglichen und fördern neue Entwicklungen?

Vorgehen:

Schritt 1
Welche Sichtweisen, Überzeugungen, Mottos (s. U-Prozedur, S. 108), Bedeutungszuweisungen stehen hinter Erfolg, hinter Problemen, Konflikten?
Im folgenden geht es darum Bilder zu finden, zu beschreiben, zu malen ..., die die zu untersuchende Situation bestimmen.

Bilder darüber, wie das System funktioniert.
Bilder von anderen Gruppen, Abteilungen, Bereichen,
Bilder unserer Zusammenarbeit,
Bilder von der Qualität unserer Dienstleistungen,
Bilder vom Markt,
Bilder von unseren KundInnen,
Bilder vom großen Bruder (unserer Konkurrenz),
Bilder unserer Zukunft.

Methoden:
– Arbeiten mit der Fotolangage (s. Brühwiler H. 1994, S.37ff.)
– Bilder zeichnen und malen (s.o. S.33ff.)
– Kärtchenabfrage (s.S.128)
– Arbeiten mit Analogien (s.o.S.59)
– Brainstorming (s.o.S.69ff.)
– Collage (s.o.S.29 f.)

Schritt 2:

Positive Attraktoren	Negative Attraktoren
Chancen: umwerten von Problemen und Konflikten	Probleme, tote Punkte
Sowohl als auch	Entweder oder – polarisieren
Identität: Wer sind wir und was wollen wir?	Fixieren auf bestimmte Befürchtungen
Gemeinsames Arbeitsverständnis	Das hat bei uns sowieso keine Chance

Leitbilder	Verfestigte, innere Bilder über andere, Stereotypen gegenüber einzelnen, Abteilungen
Vision Das Fenster aus dem Gefängnis des Bestehenden	

Die Ergebnisse aus dem Schritt 1 werden diesen positiven und negativen Attraktoren zugeordnet.

Schritt 3:

Was muß ich tun, daß sich etwas verändert?	Was muß ich tun, daß alles so bleibt wie es ist?

XII
Zwergs Kinder.

Ralph, 28 Jahre alt, faxt aus London, daß er am Wochenende zu Besuch kommt.

Voll durchcomputerisiert, gestylt bis unter den Hut, tritt er über die Schwelle des Elternhauses an der Schillerstraße 7, nachdem er sich mit dreimal kurz läuten angekündigt hat. Vater und Mutter bestaunen ihren Mustersohn. Selten sind sie sich so einig und freuen sich. Ralph überragt den Vater um 3 cm und seine Mutter um 16 cm. Aus diesem Grunde richtet sie ihre Augen leicht nach oben, um ihn bewundern zu können. Ralph berichtet von seinen neuesten Geschäften, vom Umsatz seiner Computerfirma und erzählt aus seinem Leben: Autos, Frauen, Geld und Arbeit. Mitten in seinen ausschweifenden Erzählungen dreht ein Schlüssel in der Wohnungstür und Claudia kommt herein. Kurz vermag sie die Aufmerksamkeit auf sich zu ziehen. Begrüßung. Küsse. Mutter habe ihr mitgeteilt, daß Ralph auf Besuch komme. Und dieses Ereignis wollte sie sich nicht entgehen lassen. Haben sich alle doch schon über ein Jahr nicht mehr gesehen.

Claudia hat vor einem Jahr die Matura, Typ B, bestanden und erzählt von ihren Schwierigkeiten, sich zwischen Universität und Kunstgewerbeschule zu entscheiden. Hier haken die männlichen Zwerge ein und argumentieren für Ökonomie. Sie reden von Berufschancen, Wohlstand und Sicherheit. Claudia hört gar nicht mehr hin und betrachtet die Inneneinrichtung der Wohnung. Schwarze Polstergruppe – gute Qualität – Glastisch und in Blickrichtung überlebensgroß der Fernseher – unästhetisch, aber offensichtlich funktional. Eine schlechte Reproduktion von Hodlers Sensenmann, der Schnitter auf der alten Fünfzigernote. Mehr symbolisch als schön. Der Clown von Picasso – eine nicht bewußte Selbstironie. Nicht schlecht diese Reproduktion. Ein unpassendes altes Hochzeitsfoto. Vergessen. Einen Möbel-Pfister-Perserteppich. Ein Büchergestell, das einige verwaiste Ex-Libris-Ausgaben, ungebraucht von gestern, trägt. In dieser Umgebung, die sich seit ihrer Kindheit nicht groß veränderte, ist sie aufgewachsen. Ihre Entscheidung ist getroffen. Als ob sie aus einem Traum erwachte, erzählt sie aus „Da, wo ich wohne" von Franz Hohler. Sie hält sich nicht streng an die Geschichten. Sie erzählt, was sie eben gesehen, sieht und hört. Die drei Zwerge sind begeistert, merken nichts und versprechen, das Buch demnächst zu kaufen. Später, zwischendurch, als Mutter und Claudia alleine sind, sagt sie zu Claudia: „Du hast doch auch unsere Geschichte erzählt ... Sie hat mich berührt und betroffen. Ich möchte in der nächsten Zeit einmal mit dir alleine darüber reden." Sie tauschen lange aus, auch über die Entscheidung von Claudia, bis die Männer hungrig wurden und nach dem Essen schreien. Wie früher. Die beiden Frauen haben das Essen nicht bereit, wie die Männer meinen. Sie werden eingespannt mit Rüsten und Zudienen bis das Essen steht. Und so haben sie es genossen, wie schon lange nicht mehr.

Fortsetzung S. 179

32. Leitfaden für die Erstellung eines Szenarios

1. Stein des Anstoßes zur Situationsanalyse: Probleme, Fragen, Leidensdruck
2. Wie soll nach unseren Wunschvorstellungen unsere Arbeitssituation nach 7 Jahren aussehen? Formulieren von Veränderungszielen: Wir wollen weg von .... Wir wollen hin zu ....
3. Was sind meine eigenen Ambitionen und Intentionen für die nächsten 7 Jahre?
4. Räume für die Zukunft: Welche möglichen Wege erkennen, sehen wir, um unsere Veränderungsziele zu erreichen?
5. Auswahl zwischen den Alternativ-Szenarien, Entscheidung
6. Unsere nächsten Schritte?
7. Welche Dinge sollte ich jetzt unterlassen?
8. Womit sollte ich jetzt beginnen?
9. Mit welchen Kollegen und Kolleginnen könnte ich über meine Zukunftserwartungen sprechen?

Weiteres Vorgehen:
s. Leitfaden für die Verarbeitung von Informationen aus den Situationsklärungen S. 40

Der Leitfaden entstand in Anlehnung an Glasl 1983, S. 329.

33. Brainstorming

Beispiel einer Situationsanalyse im Bereich Fort- und Weiterbildung einer Berufsschule

Aufbau eines zweitägigen Seminars

Zielsetzung:
Ideen kreieren, entwerfen, suchen für die Entwicklung der Abteilung Fort- und Weiterbildung, Erwachsenenbildung als Vorarbeit für eine Vision der Zukunft.

Der folgende Vorschlag besteht aus einem 3-phasigen Brainstorming. Der Ausgangspunkt der „Reise" ist eine Bestandesaufnahme und Kommentieren des jetzigen Zustandes. Aus dieser Auslegeordnung heraus entsteht ein Frage- bzw. Problemkatalog, der u.a. als Orientierung für die Bewertung der Brainstorming-Ergebnisse dient.

Methodisch orientiere ich mich am „gesplitteten-angereicherten" Brainstorming: Die einzelnen Brainstorming-Phasen werden eingeleitet durch Themenschwerpunkte (Thesen) aus dem Bereich Entwicklung, Innovation, Fortbildung und Erwachsenenbildung. Die einzelnen Phasen werden mit einer Bewertung abgeschlossen.

Jedes Brainstorming ist vorerst ein in sich abgeschlossener Teil. Erst am Schluß werden die 3 Teile integriert. Die drei Brainstormings werden methodisch variiert (z.B. Brainwriting, Sukzessive Integration von Lösungen, anonymes Brainstorming usw. (vgl. Brühwiler 1994, S.69/70) und mit speziellen Spielregeln versehen, die aus Kreativitätstrainings stammen.

Vorgehen:
1. Bestandesaufnahme, Auslegeordnung, ergänzt durch eine Fragen- und Problemsammlung

2. „Wie die Zukunft beginnt"
   Ein Videofilm über die Fabrik der Zukunft
3. Regeln für das Seminar
   Prinzip der verzögerten Bewertung
   Wenn es darum geht, Ideen zu produzieren, Lösungsmöglichkeiten zu suchen, möchte der/die einzelne in der Gruppe möglichst originelle, gute Ideen und Lösungen beitragen.
   Aus diesen Ansprüchen heraus halten wir vieles zurück. Es gibt in uns eine Bewertungsinstanz, die zensiert – und meistens wird, sobald ein Vorschlag geäußert wird, von einem Gruppenmitglied kommentiert, beurteilt. Das ständige Bewerten ist uns in Fleisch und Blut übergegangen. Selbst bei sorgfältiger und bewußter Beachtung des Prinzips schleichen sich im „Innern" immer wieder kritische Kommentare ein. Diese Bewertungen hemmen den Ideenfluß. Die Bewertung ist wichtig, aber erst zu einem späteren Zeitpunkt.
   - Keinerlei Bewertung!
   - Jede Idee ist willkommen!
   - So viele Ideen wie möglich!
   - Die Ideen anderer aufgreifen und weiterentwickeln!

   Durchführen des ersten Brainstormings

4. Input: Epochentrends
   - Beschleunigte weltwirtschaftliche Dynamik
   - Durchbruch der ökologischen Wirtschaft
   - Frauenbewegung – Frauenbildung
   - Dynamisierung der alten Bevölkerung
   - Kostenexplosion in der Kranken- und Altersfürsorge
   - Wertewandel
   - Veränderungen in den politischen Rahmenbedingungen
   - Verteilung der Arbeit / Arbeitslosigkeit
   - Migration
   - Organisationen entwickeln sich von der Differenzierungsphase in die Integrationsphase bzw. Assoziationsphase
5. Zweites Brainstorming
6. Input: Mögliche Folgen aus den Epochentrends für die Erwachsenenbildung

- Das Verhältnis zwischen beruflicher Grundausbildung und Weiterbildung wird sich verändern
- Motivation zum Lernen und Lernzeit sind die Engpässe der Zukunft
- Neue Formen der Vermittlung sind gefragt
- Neue Trägerschaften
- Neue Ausbildner, Ausbildnerinnen sind gefragt
- Intensivierte Weiterbildung verlangt nach Beratung
- Neuverteilung von Arbeit
- Maßgeschneiderte Angebote, weniger Gießkannenprinzip

7. Drittes Brainstorming
8. Input: Veränderung durch Anpassung und Entwicklung
9. Sichten der Ergebnisse der drei Brainstormings Anhand der Kriterien einer Vision werden die Ideen in Gruppen geordnet:
   - Zweck der Organisation
   - Produkte und Leistungen der Organisation
   - Beziehung zu den KundInnen
   - Beziehung zu den MitarbeiterInnen
   - Sicherung des Unternehmens, der Arbeitsplätze
   - Beziehung zu Partnern von außen
   - Verhältnis zur Umwelt – zur Natur
10. Konsequenzen
    Die nächsten Schritte ...
    Maßnahmen ...

Zur Auswahl der Methoden

1. Reflexion

- Entspricht die Methode meiner Persönlichkeit und meinen Fähigkeiten?
- Entspricht die Methode dem anvisierten Ziel?
  Was soll fokussiert werden?
- Entspricht die Methode der gegenwärtigen Situation?
  TeilnehmerInnen
  Zeit
  Raum
  Energie
  Tiefe der Bearbeitung

Generell gilt für den Methodeneinsatz:
Methoden sind Hilfsmittel und nicht Selbstzweck. In der Auswahl sind folgende Fragen zu berücksichtigen:

Welche Ziele sind zu erreichen? Stimmen Weg und Ziel überein?
Welche Wirkungen der Methoden sind vorauszusehen?
Wird die Methode durch die Gruppe akzeptiert werden?

Besitzt der Berater, die Beraterin die Persönlichkeit, die notwendige Kompetenz und Erfahrung, die für die Handhabung einer bestimmten Methode erforderlich ist?

Häufig ist es von Vorteil, einen externen Moderator, eine Moderatorin beizuziehen. ModeratorInnen sind HelferInnen, Katalysatoren, „Hebammen". Sie stellen ihr Wissen, ihre Erfahrungen zur Verfügung; ein Fachmann, eine Fachfrau für Wege.

2. Vier Grundsätze in der Arbeit mit Widerständen

Einige der vorgestellten Methoden zur Situationsklärung werden auf Widerstand stoßen. Neben Killerphrasen werden auch Hemmungen deutlich wie „ich kann nicht malen", „ich kann nicht imaginieren", „ich kann und will mich nicht auf das vorgestellte Vorgehen einlassen. Solche und ähnliche Erscheinungen bezeichnen wir als Widerstand. Doch die Benennung oder Interpretation sagt noch nichts darüber aus, wie wir reagieren, handeln sollen. Vier entscheidende Handlungsgrundsätze sind im folgenden beschrieben.

2.1 Grundsatz: Es gibt keine Veränderung ohne Widerstand!

Widerstand gegenüber Neuem, Veränderungen ist etwas ganz Normales und Alltägliches. Wenn bei einer Veränderung keine Widerstände auftreten, bedeutet dies, daß von vornherein niemand an ihre Realisierung glaubt.

Nicht das Auftreten von Widerständen, sondern deren Ausbleiben ist Anlaß zur Beunruhigung!

2.2 Grundsatz: Widerstand enthält immer eine „verschlüsselte Botschaft"!

Wenn Menschen sich gegen etwas sinnvoll oder sogar notwendig erscheinendes sträuben, haben sie irgendwelche Bedenken, Befürchtungen oder Angst.

Die Ursachen für Widerstand liegen im emotionalen Bereich!

2.3 Grundsatz: Nichtbeachten von Widerstand führt zu Blockaden!

Widerstand zeigt an, daß die Voraussetzungen für ein reibungsloses Vorgehen im geplanten Sinne nicht bzw. noch nicht gegeben sind. Verstärkter Druck führt lediglich zu verstärktem Gegendruck.

Denkpausen einschalten – nochmals über die Bücher gehen!

2.4 Grundsatz: Mit dem Widerstand, nicht gegen ihn gehen!

Die unterschwellige emotionale Energie muß aufgenommen, d.h. zunächst einmal ernst genommen, und sinnvoll kanalisiert werden. Die Kunst im Umgang mit Widerstand heißt „Judo" – „Aikido".

Druck wegnehmen (dem Widerstand Raum geben)!
Antennen ausfahren (in Dialog treten, Ursachen erforschen)!
Gemeinsame Absprachen (Vorgehen neu festlegen)!
aus: Doppler / Lauterburg 1994, S.212/213

3. Moderation

In der Regel ist es von Vorteil, wenn Situationsanalysen durch einen Berater, eine Beraterin moderiert werden. Sie sind nicht involviert und entlasten Führungspersonen von unangenehmen Doppelrollen.

Grundsätze für die Moderation:
1. Zielerreichung – Roter Faden
   Was soll erreicht werden?
   Wohin führt die Reise?
   Was hindert einzelne, zielgerichtet zu arbeiten?
2. Beteiligung
   Wer beteiligt sich? Wer nicht?
   Wie steht es mit der Energie der Gruppe?
3. Unausgesprochenes aussprechen!
4. Visualisieren!

Grundeinstellung und Verhaltensweisen des Moderators, der Moderatorin

mitempfinden, sich verantwortlich fühlen statt sich selber zur Geltung zu bringen
Tangentiales Ansprechen, Aufgreifen, Klärungshilfen anbieten

Akzeptanz vermitteln
bereit sein zu helfen, aber nicht aufzwingen
mitfühlen, einfühlsam sein
Entfaltungs- und Lerngelegenheiten schaffen
miteinander planen, nachdenken, arbeiten
feinfühlig Themen, Vorgehen, Mittel auswählen
Ich – statt Du-Botschaften
andern etwas zutrauen, behutsam verstärken
nicht drängen – Zeit lassen

Gelassenheit
Neugierde, Interessen für andere entwickeln
fragende Haltung einnehmen
durch Fragen erschließen, aktivieren
offenes Klima schaffen, daß die einzelnen sich einbringen können
stützen, ermutigen, fördern
Wertschätzung, ohne sie an Bedingungen zu knüpfen
echt sein im Verhalten und in den Aussagen
die eigene Meinung zurückstellen
weder Meinungsäußerung noch Verhaltensweisen anderer bewerten
andern helfen sich auszudrücken
Gruppen-TeilnehmerInnen helfen, Profil zu gewinnen

XIII

Herr und Frau Zwerg träumen gemeinsam einen Traum. Sie stehen in einer Tümpel-, Seenlandschaft. Ein dicker, schwerer Nebel lastet schwer. Sie stehen still, wie angewurzelt. Sie haben die Orientierung verloren. Ein leichter, kühler Wind zerrt an den Nebelschwaden.

Sie frösteln. Die aufgefaltete Wanderkarte hilft auch nicht weiter – Orientierungspunkte fehlen. Sie hören nur einen Bach. Doch die Karte ist tonlos und flach. Was tun? Mann und Frau stehen in einem Abstand von etwa zwei Metern und starren in das wolkige Grau. Sie stehen da – bezugslos im Nebel – und haben ihre naheliegendste Orientierung verloren. Keine Geste, kein Wort, keine Berührung.

Beide sehnen sich nach Licht, nach Tönen, nach Sehen, nach Haut.

Ein Geist schält sich aus dem Nebel. Ein unbekanntes, unansehnliches Tier auf fünf Beinen. Sagt nichts, brüllt nicht, macht nichts, steht einfach da und verdreht die Augen. Zwergs erschrecken.

Frau Zwerg-Vonach faßt sich ein Herz und fragt: „Was willst du von uns?"

Der Nebelgeist antwortet nichts und rollt weiter seine Augen. Rosmarie Zwerg-Vonach wagt sich einen Schritt weiter vor und streckt dem Geist ihre Hände entgegen. Er kommt auf sie zu, ergreift ihre Hände und im Moment der Berührung sieht sie die Sonne. Doch der Nebel bleibt. Die Wärme der Sonne durchflutet sie. Fritz übersteigt seine Größe, geht auf seine Frau zu – das zweite Mal in seinem Leben – und schließt sie in seine Arme. Jetzt sieht auch er die Sonne und spürt die wohlige Wärme.

Sie drehen sich im Bett einander zu, umarmen sich und nehmen sich wahr.

Fritz Zwerg hat sich mächtig verschlafen an diesem Morgen und kommt verspätet zur Arbeit. Zufrieden.

Literaturverzeichnis

Bateson G.: Ökologie des Geistes. Frankfurt 1981
Bessoth R.: Organisationsklima an Schulen. Frankfurt a.M. 1989
Brügelmann H.: Vom Lehren und Lernen. In: DU, die Zeitschrift für Kultur, Heft 3, 1992, S. 60-62. Zürich
Brühwiler H.: Methoden in der ganzheitlichen Jugend- und Erwachsenenbildung. Opladen 1994 (2.Aufl.)
Carroll L.: Alice hinter den Spiegeln. Frankfurt a.M. 1975
Doppler K./ Lauterburg Ch.: Change Management. Frankfurt a.M.,New York 1994
Duell W./ Frei F.: Leitfaden für qualifizierende Arbeitsgestaltung. Köln 1986
Ebeltoft A.: Kommunikation und Zusammenarbeit in der Schule. Weinheim und Basel 1974
Egli O.: Beispiel einer Selbstdiagnose. Unveröffentlichtes Manuskript 1991
Forster W.: Management by attraction. In: Managerie, 1.Jahrbuch. Systemisches Denken und Handeln im Management S. 105-115. Herausgeber: Schmitz Ch./ Gester P.W./ Heitgere B. Heidelberg 1992
Francis D./ Young D.: Mehr Erfolg im Team. Ein Trainingsprogramm mit 46 Übungen zur Verbesserung der Leistungsfähigkeit in Arbeitsgruppen. Essen 1982
Freudenreich D.: Das Planspiel in der sozialen und pädagogischen Praxis. München 1979
Glasl F.(Hrsg.): Verwaltungsreform durch Organisationsentwicklung. Bern, Stuttgart 1983
Glasl F./ Lievegoed B.: Dynamische Unternehmensentwicklung. Bern, Stuttgart 1993
Glasl F.: Die magische Erfolgsformel „Unternehmenskultur". Trigon Entwicklungsberatung Graz
Glasl F./Brugger E.: Der Erfolgskurs Schlanker Unternehmen. Bern, Stuttgart 1994
Hillmann J./ Ventura M.: Hundert Jahre Psychotherapie – und der Welt geht's immer schlechter. Solothurn, Düsseldorf 1993
Jungk R.: Zukunftswerkstätten. Hamburg 1982
Kemm R./ Hirsbrunner D. (Hrsg.): Entwicklungspotentiale Erkennen und Nutzen. Bern, Stuttgart 1990
Lotmar P./ Tondeur E.: Führen in sozialen Organisationen. Bern, Stuttgart 1989
Malerba L.: Die nachdenklichen Hühner. Frankfurt a.M. 1991
Management Center Vorarlberg: OE-Prozesse systemisch initiieren und gestalten. Aktionshandbuch. Dornbirn 1992 (2.Aufl.)
Mann R.: Das visionäre Unternehmen. Wiesbaden 1990
Maturana H.R.: Erkennen: Die Organisation und Verkörperung von Wirklichkeit. Braunschweig/Wiesbaden 1985 (2.Aufl.)
Müller – Schöll A./ Priepke M.: Sozialmanagement. Frankfurt a.M. 1983
Nevis E.: Gestalt-„Awareness"-Prozeß in der Organisationsdiagnose. In: Gruppendynamik, Heft 4, 14.Jg., Dezember 1983, S. 359-368 Stuttgart

Oshry B.: Menschliche Energie in sozialen Systemen (gekürzte Übersetzung aus einem Arbeitspapier des NTL, Bethel/Maine-USA, Übersetzung: Burckhardthaus-Verlag Gelnhausen)
Peseschkian N.: Der Kaufmann und der Papagei. Frankfurt a/M. 1988
Pechtl W.: Zwischen Organismus und Organisation. Linz 1989
Philipp E.: Gute Schule verwirklichen. Weinheim und Basel 1992
Rilke R.M.: Ausgewählte Gedichte. Frankfurt a.M. 1966
Schmidt J.: Die sanfte Organisations-Revolution. Frankfurt a.M., New York 1993
Segal L.: Das 18. Kamel oder Die Welt als Erfindung. München, Zürich 1986
Watzlawick P./ Beavin J.H./ Jackson D.D.: Menschliche Kommunikation. Bern, Stuttgart 1969
Watzlawick P./ Krieg P. (Hrsg.): Das Auge des Betrachters. Beiträge zum Konstruktivismus. München 1991